周蓓 主编

『民國專題史』叢書

張潤泉 著

河南人民出版社

人類生活史

包括人類的起源、肢體勞動求生時代、工具勞動求生時代、機器勞動求生時代、結論：未來人類求生時代

圖書在版編目(CIP)數據

人類生活史 / 張潤泉著. —鄭州 : 河南人民出版社,
2016. 4(2017. 1 重印)
(民國專題史叢書 / 周蓓主編)
ISBN 978 - 7 - 215 - 10031 - 2

Ⅰ. ①人… Ⅱ. ①張… Ⅲ. ①社會人類學 Ⅳ.
①C912. 4

中國版本圖書館 CIP 數據核字(2016)第 079789 號

河南人民出版社出版發行
(地址:鄭州市經五路 66 號　郵政編碼:450002　電話:65788063)
新華書店經銷　河南新華印刷集團有限公司印刷
開本 710 毫米×1000 毫米　1/16　印張 14. 25
字數 210 千字
2016 年 4 月第 1 版　2017 年 1 月第 3 次印刷

定價 : 90. 00 圓

出版前言

中國現代學術體系是在晚清西學東漸的大潮中逐步形成的。至民國初建，中央政治權威進一步分散和削弱，加之新文化運動帶給國人思想上的空前解放，新學的啓蒙，新知識分子的産生，民國學術如草長鶯飛，進入一個自由而蓬勃的時代。中國傳統學科乃中國學術之根基與菁華所在，民國學人采用『取今復古，别立新宗』之方法，引入西方的學術觀念，積極改造，使史學、文學等學科向現代學術方向轉型。此外，大力推介西方社會科學的新學科和自然科學，在學習、借鑒乃至移植西方現代學術話語和研究範式的過程中，逐漸建立中國現代學科，使中國的學科門類迅速擴展。一時間，新舊更迭，中西交流，百花齊放，萬壑争流，開創了中國現代學術的源頭。

伴隨知識轉型和研究範式轉换而來的，還有學術著作撰寫方式的創新。中國古代的著作向來以單篇流傳，經後人整理匯編後，方以成册成集的面目出現并持續傳播。直到十九世紀末，東西方的歷史編撰體裁不外乎多卷本的編年體、紀傳體和紀事本末體等，章節體的出現標志着近代西方學術規範的産生和新史學的興起。章節體具有依時間順序，按章節編排；因事立題，分篇綜論；既分門别類，又綜合通貫的特點。以章、節搭建起論述之框架，結構分明，邏輯清晰，較傳統的撰寫體裁容量大、系統性强。它的傳入，使中國現代學術體系從内容到形式被納入了全球化的軌道。民國時期專題史的研究、譯介、編纂、出版恰恰是在這樣的背景下欣欣而發，是學術的實驗場，也是歷史的記録儀。編選『民國專題史』叢書的初衷正是爲了從一個側面展示中國學術從傳統向現代過渡的歷史進程。

專題史是對一個學科歷史的總結，是學科入門的必備和學科研究的基礎，也是對一個時代艱深新鋭問題的解答，是學術研究的高點。民國專題史著作中，既包含通論某一學科全部或一時代（區域、國别）的變化過程的，又囊括對一時代或一問題作特殊研究的，還有少部分是對某一專題的史料進行收集的。原創與翻譯并重，翻譯的底本大多選擇該學科的代表著作或歐美大學普及教本，兼顧權威性和流行性，其中日本學者的論著占據了相當比重。日本與中國同屬東亞儒家文化圈，他們在接納西方學術思想和研究模式時，已作了某種消化與調適，從思維轉換的角度看，更便于中國借鑒和利用，他們的著作因而被時人廣泛引進。

與當代學術研究日趨專業化、專門化、專家化的『窄化』道路迥乎不同的是，中國傳統學術崇尚『學問主通不主專，貴通人不尚專家』的通識型治學門徑，處于過渡轉型期的民國學術在不同程度上保留了這種特徵。民國學術大師諸學科貫通一脉，上千年縱横捭闔之功力自不待冗言，外交家著倫理政治史、文學家著哲學史、化學家著戰争史等亦不乏其人，民國專題史研究呈現出開放、融通、跨界撰述的特點。與此同時必須看到，自晚清以來，中國的命運就在外侮屢犯、內亂頻仍的窘境中跌宕彷徨，民族存亡仿若命懸一綫。這股以創建學科、總結經驗、解决問題爲指歸的專題史出版風潮背後，包裹着民國學人企望以西學爲工具拯民族于衰微的探索精神，及以學術救亡的愛國之心。梁任公曾言：『史學者，學問之最博大而最切要者也，國民之明鏡也，愛國心之源泉也。』這種位卑未敢忘憂國的歷史使命感和國民意識是令人無法漠視和遺忘的。

『民國專題史』叢書收録的範圍包括現代各個學科，不僅限于人文社會科學，學科分類以《民國總書目》的分科爲標準，計有哲學、宗教、社會、政治、法律、軍事、經濟、文化、藝術、教育、語言文字、中國文學、外國文學、中國歷史、西方史、自然科學、醫學、工業、交通共19個學科門類。本叢書分輯整理出版，內不分科，單本發行，方便讀者按需索驥。既可作爲大專院校圖書館、學術研究機構館藏之必備資源，也可滿足個人研讀或興趣之收藏。

與目前市場已有的一些專題史叢書相比，『民國專題史』叢書具有規模大、學科全、選本精、原版影印的特點。本叢書選目首重作者的首創、權威和著作影響力，尤其注重選本的稀見性。所謂稀見，即建國後没有再版，且多數圖書館没有收藏，或即便有收藏，也是歸于非公開的珍本之列予以保存，普通讀者難以借閲。部分圖書雖有電子版，但作爲學術研究的經典原著讀本，紙質版本更利于記憶和研究之用。本叢書精揀版本最早、品相最佳的原版圖書作爲底本，因而還具有很高的版本收藏價值。

『民國專題史』的著作是民國學者對于那個時代諸問題之探究，往往有獨到之處，無論其資料、觀點短長得失如何，要之在中國現代學術史的構建與發展進程中，自有其開宗立論之地位。

序一

張君潤泉好學深思之士也，年前相見西安，出所著人類生活史稿見示，予與君有同學之雅，因出所見相質證，且屬擧以商榷海內學者，更令其就正於蔡孑民、陳立夫、羅志希諸先生，益為搜集材料，專心增損，越年稿定。其大旨以勞動為民生中心，以互助為進化原力，而歸宿于大同，蓋就中山先生民生主義之旨推衍而闡發之者也。全書條理一貫，言諸事物，當世社會科學術作亦少類乎此者尚亦無見張君陝人受交通之厄而識解能與當世學者暗合正為難能可貴且稿經數易尤見致力之勤予既喜此書之出尤有貢獻於社會史之西北學者閉關風雖起作開發之先聲嗣後繼之隆盛寖為之叙而歸之 民國廿年 歲央 紹興鄭 亨

序二

孫中山先生不滿意於馬克思氏的唯物史觀，而創設民生主義，亦可謂唯生史觀，包括人民的生活，社會的生存，國民的生計，群衆的生命四項，所以我們要了解民生主義，非對於這四項有切實之研求不可。張君潤泉有鑒於此，乃於民族學中刺取各民族生活之狀況而為有系統的叙述，並推明其因果的關係，以為人類生活史，舉凡科學，藝術，經濟，政治，宗教，統認為人類生存的條件，而不背於唯生史觀的準標，張君認民生的重心是勞動，故將人類活動自有生以至現在，分為肢體勞動，工具勞動，機器勞動三個時期。在這三個時期以外，並認定宇宙是惟生的一元論，故敘述人類生活的進化即首先敘述宇宙的開闢。最後又認定勞動力的進化將完全成為義務的，即禮運「力惡其不出於身也不必為己」的大義，故以大同社會為人類生活的歸宿。又以大同社會為孫先生民生主義的理想社會，故以大同社會為最後的結論。

張君又根據孫先生「社會利益調協說」，證明人類生活的進化，是互助的、不是鬬爭的。並認定鬬爭是人類生活進化中病的現象，互助纔是人類生活進化中動的力量，所以在敘述人類生活進化的過程，完全本互助的精神為一貫的證明。

自得張君此書，而研究孫先生的惟生史觀者，將益得具體的例證，而不為武斷的空論所搖動，特提其要旨以介紹於讀者。

中華民國二十四年五月蔡元培

序三

邵仲輝先生，介紹張潤泉同志，和我認識。以後我事情很忙，不得長見。如是過了很多日子，昨天忽然來看我，並留下一部人類生活史的稿本，頁數之多、內容之富，和這當中許多辛苦思索考證的痕跡，使我爲之一驚。張同志的書之內容如何，是另一問題。而如此努力，如此眞誠，立定志向，自己闢自己的天地，並立定志向爲世人闢天地。不肯學尋常青年們費盡辛苦求人幫忙找飯吃，把獨立自由創造新天地的精神拋棄乾淨。只這一點，眞是值得我們歡喜贊美，並且祝他的繼續努力，祝一切青年們人人立起這樣的志氣。

著書不是容易的，人類全生活之史的研究，更不是容易的。近代出版本有兩個作用，（這是講正當的。）一是報告自己研究的成績，一是發表自己思想的內容。兩者都是繼續工程當中的一段，和古人名山千古的事業，或許頗有不同。張君此書，自然是他第一次問世的一封長信。今後世人如有了答復，自然他還要再作答，即使沒有，也還要二次三次不斷地寫下去。我很贊美張君努力的精神，同時更希望他認眞再做一番更堅苦的基本功夫，把學問的根底，眞正建設一番。以這樣好的資質，不愁將來不是世界第一等的學者。

至於內容的批評，我的時間太少了，恕我不作罷。總之，盼望今後認眞從基本的學問上，再用死力。凡這書內所涉及的各種學問，都非切實考究不可。尤其要緊的，學問與修養，斷不可看作兩件事。特別關於人的學問，完全是自己的顯現，要作一部好的人類生活史，自己必須要建設一個完美的生活。（不是說勢位富貴。）養天地之正氣，作古今之完人，這兩句話，是我至誠所切望於張同志的。

民國二十三年九月戴傳賢序於考試院之待賢館

按　戴先生此序，在拙著初完成以後作的。

戴先生原序文，是用上等宣紙，打成方格，很工楷的用親筆寫了三大張，不料在篋中，竟然逸去。

幸著者將　戴先生序文另抄一紙，因於付印時，用鉛字刊出，亦不幸中之幸，而戴先生之盛意，辜負實多，這是著者對於　戴先生很抱歉的。

著者附誌

自序

孫中山先生說：「歷史的重心，是民生。」這個問題在學術上是有很大的發明。可是沒有人對這個問題作一有系統的闡發，這是一件最大缺憾的事。最近陳立夫先生著唯生論，以最新穎的思想，對於孫中山先生唯生的理論，有極明確、極透闢的發揮，很值得一般人的注意。但是立夫先生完全是用哲學的頭腦，科學的觀察，對於唯生的理論有深切的發揮，沒有在歷史上對於這個問題——歷史的重心，是民生——作一正確的探討。我是研究歷史的一個人，也是服膺中山主義的一個人，自不能不在歷史上對於這個問題，尋出一個正確的塗徑，這是我自己三四年以來，時時刻刻努力的一件事。

人類是有生命的，並且生命的存在，生命的發展，生命的持續，完全是賴人類底活動的能力，因此，我就認定歷史是由人類底活動的能力造成的。人類活動的能力，最重要的是創造，發明，利用，因此我在歷史上就要尋出創造，發明和利用的過程。這創造、發明，和利用的過程尋得，民生是歷史的重心問題，就可以得到解決。創造，發明，和利用的過程是怎樣的才可以尋得，就不能不追溯於勞動，因為有了勞動，就可以創造，發明，利用，沒有勞動，就不能夠創造，發明，利用。因此，我在本問題上，就以勞動為中心，要尋出一個正確的塗徑。

我在西安研究這個問題，深恐囿於見聞，幸承邵仲輝先生指教，並資助來京介紹於國內各大學者之前，疊經蔡孑民、戴季陶、陳立夫、羅志希諸先生的指教，並承于右任、陳果夫二先生在經濟上予以援助，現在就算告一完結。

可是這個問題是太大了，像淺學的我，要研究這個問題，就好像瞎子摸路一樣，究竟摸的對不對，還希讀者予以指正，這是我馨香禱祝的。

最後，我還要聲明的，黃文山、姚定塵、盧政芳諸先生貢獻許多意見，這是我不能不感謝的。

民國二十四年十一月張潤泉序於南京

目次

緒論

第一章 人類生活史的意義和編著的方法

怎樣叫做生活 我們要明白生活的意義，就先得對於生活這兩個字下一個解釋：生是生存，活是活動，生活就是人類爲求生存而活動的意思。但是人類爲什麼要求生存，爲什麼要有生存的活動？我們不能不仔細研究一下：我們看人類是有生命的，所以在人類的本能上，自不能不求生命的維繫。人類因爲要求生命的維繫，所以就有活動。因此，我們知道生活，就是人類爲求生命的維繫的活動的作用。所以人類的活動，凡是都以滿足生命的維繫爲目的的。就叫做生活。

爲什麼要著人類生活史 人類是有生命的，不但是有生命，而且是有靈性的。人類和物類是迥然不同的，雖然物也有有生命的，但是都沒有靈性。猿猴類是有靈性的，可是猿猴類的靈性，是很有限的。猿猴類的靈性，只能限本身的活動，若在本身以外，就不能活動了——就是猿猴類的腦力，只能認識事物，不能運用思考力——而人類就不然了；人類的腦力，是能運用思考力的，人類不但能認識事物，而且對於事物，還有經驗，創造，發明和利用的能力。這經驗、創造、發明、和利用的能力，就是人類生活的根本原動力。人類生活因爲有了這根本原動力，所以人類生活就一天一天的向上，一天一天的進步，這生活的向上和進步，就是人類生活的總成績。我們要明白人類經驗，創造發明和利用的過程，就要把人類生活的總成績敍述出來，這就是我們要著人類生活史的意義。

人類生活史編著的方法　但是敍述人類生活總成績——編著人類生活史——也是一件很不容易的事；就是自有人類以來，人類生活的現象，是很複雜的，人類生活的總成績，也是很繁賾的；要敍述這很複雜的人類生活的現象，和很繁賾的人類生活的總成績，究竟從那裏下手呢？這是值得我們研究的。

我們知道人類生活的根本原動力，是經驗、創造、發明、和利用的能力；這種能力的作用、就是求生存，所以求生存就是人類生活的中心問題，求生存既然是人類生活的中心問題，那末人類生活的現象無論怎樣複雜，人類生活的總成績，無論怎樣的繁賾，我們就可以尋出一個頭緒了。

人類生活的現象，是一時代一時代不同，在最初人類是用肢體勞動，所以這個時代人類生活的現象，完全是用肢體勞動造成的，後來人類感覺肢體勞動的不足，就製造工具，因之，就用工具勞動，所以這用工具勞動時代人類生活的現象，就完全是用工具勞動造成的，再後來人類又感覺用工具勞動的不足，於是又製造機器，因之，就用機器勞動，在用機器勞動時代人類生活的現象，就完全是用機器勞動造成的。所以我們敍述人類生活史，就要把這三個時代人類生活不同的現象，敍述出來。

現代歷史學家敍述人類歷史自韋爾斯世界史大綱出版以後，他們的態度和觀念，就大改變，就是從前對於歷史的敍述，只注重有史時代的人類歷史。韋爾斯在世界史大綱裏，就把史前時代的歷史，也加以有系統的敍述。不但是把史前時代的歷史，加以有系統的敍述，就是把人類出生以前，世界生物的演進，也加以敍述。他的觀念，就是認爲人類不但把自己本身過去活動的狀況要明白。還把世界生物過去演進的狀況，也要明白。能夠把世界生物過去演進的狀況明白了，對於人類歷史，才能夠澈底的了解。所以現代歷史學家，敍述歷史，都是朝着這個方向去走。

我們研究人類生活史，就是要把人類過去活動的狀況明白的.可是要明白人類過去活動的狀況，也要把世界生物過去演進的狀況明白了，然後對於人類過去活動的狀況，才能夠澈底的了解。所以我們敍述人類生活史。在敍述人類的起源中，也敍述到生物的演進。不過人類生活史和普通歷史不同的地方，就是敍述人類過去活動的狀況和生物的演進，是要用求生存的眼光去敍述的。

歷史的最大功用，就是明白過去，知道現在，推測將來。人類生活史也是要明白過去，知道現在，推測將來。所以我們敍述人類生活史，在敍述過去和現在以外，還要注重將來。因此，我們就做最後的結論。

人類生活史的時代的劃分　人類生活的現象——人類生活的總成績——有用肢體勞動造成的，有用工具勞動造成的，有用機器勞動造成的，所以我們敍述人類生活史，在時代的劃分上，就劃分肢體勞動求生時代，工具勞動求生時代，機器勞動求生時代。

現代一般人類歷史學家，社會學家劃分人類歷史的時代，多是用石器、鐵器爲時代的劃分。或用漁獵、畜牧、農業爲時代的劃分，這種劃分，在人類生活史上，是不夠用的，就是人類生活是進化的，若只用石器、鐵器爲時代的劃分，在沒有石器和鐵器以前，人類生活的現象是很難說明的。況且人類生活工具也是進化的，鐵器發明以後，人類又進而用蒸汽力和電力來替代人力，在這個時候，若只用鐵器來說明人類生活的現象，也是不夠用的。至於用漁獵、畜牧、農業爲時代的劃分，雖爲現代一般人類歷史學家、社會學家所採用。可是漁獵、畜牧、農業是不能充分表示人類求生的創造力，在人類生活史上、也是不大相宜的。人類生活史的目的，是要表明人類生活的現象，——人類生活的總成績——是由人類自己創造的能力創造成功的。

人類生活史的材料的搜集　我們對於人類生活史的時代，既這樣的劃分，那我們對於人類生活史的材料，是怎樣的搜集呢？在人類的起源中，我們就要利用現在考古學家所發見的化石來說明人類的起原，現在考古學家對於人類化石的搜掘，雖然還沒有得到充分的成績，可是對於人類的起源，也曾尋出來一個頭緒。同時、我們在利用考古學家的化石以外，還要研究宇宙間生物進化的道理，我們對於宇宙間生物進化的道理明白了，人類的起源的材料，也就得到相當的補助。

在肢體勞動時代，我們就要利用現在未開化的民族生活現象，來說明肢體勞動時代的人類生活的現象。現在未開化的民族的生活現象，雖然不一定就和肢體勞動時代人類生活的現象一樣。可是現在未開化的民族的生活現象也和肢體勞動時代人類生活的現象，是差不多的。同時，我們還要參考古籍中對於初民時代的一種傳說，這種傳說，雖然不是科學的，可是有相當來歷的，此外，進化論者說，人類是由猿猴進化來的，這話不一定可靠，可是猿猴類的生活現象，也可以供我們參考的。

在工具勞動時代，關於人類生活現象的材料，是比較容易得到；因爲人類學家、社會學家、歷史學家，關於這方面的著述很多。可是他們的著述是和我們不同的，他們的著述，是無目的的，是隨便取材的。我們研究人類生活史，就要根據人類求生存的道理去搜集材料，所以他們這種材料，是要審愼抉擇的。

在機器勞動求生時代，關於人類生活現象的材料，更是容易搜集了。就是機器勞動求生時代，正是現在人類生活的時代，可是現在人類生活的現象，是很複雜了，不但是創造、發明有所猛進、而且因創進，發明的猛進，就造成人類的失業，這種失業的問題，是很嚴重了，因此，就發生各種社會運動，社會運動，還是人類縱的運動，此外，還有橫的運動，橫的運動，就是弱小民族的運動。因爲創造、發明的猛進，就促成帝國主義勢力的發展，因此，就造成弱小民族的被壓迫。近世以來，弱小民族的解放運動，也是如火如荼的。所以關於這種種方面的材料，都是我們要搜集的。

我們研究人類生活史，覺得三民主義是現代人類生活的正當道路。中國固有的政治哲學，是人類生活最後的歸宿，所以我們就以三民主義和中國固有的政治哲學爲最後的結論。

人類生活史和其他歷史不同的地方

一　人類生活史和普通歷史不同的地方　普通的歷史，是敍述人類過去活動的遺迹，是注重人類過去活動的本身的現象。換一句話說：就是注重人類過去事實的本身的發生。人類生活史，是注重人類生活的需要，是認定人類過去活動的本身的現象，都是因人類生活的需要而發生的。所以敍述人類過去活動的本身的現象的時候——就是敍述人類過去事實的本身的發生的時候，特別的是要說明這些事實，這些現象與人類生活的關係是怎樣的？就是認定這些事實，這些現象，都是因人類生活的需要而發生的。

二　人類生活史和文明史不同的地方　文明史是敍述人類過去對於物質的創造、發明，和人類社會的建設狀况。換一句話說：就是人類知能的發展的狀况。人類生活史雖然也要敍述人類過去對於物質的創造、發明和人類社會的建設狀况，可是也要敍述人類社會共同活動的現象，而且還要敍述人類社會共同活動的趨向和目的。

三　人類生活史和唯物史觀不同的地方　唯物史觀是認定人類的歷史，是經濟的發展，經濟的變遷的過程，就是認定人類生活，是受經濟的發展，經濟的變遷的影響的。並且認定經濟是社會的基礎，其他一切政治、法律、道德，是社會上面的建築物；換一句話說：就是看重物質。就是認定物質的力量，是足以支配人類的生活的。人類生活史，是認定人類的歷史，是由人類生存的發展，生存的演進造成的。這生存的發展，生存的演進，是社會進化的重心，也就是孫中山先生所說的是歷史的重心。歷史的重心是支配歷史的，因此，就可以說：人類求生存的力量，是支配物質的。這就是唯物史觀和人類生活史不同的地方。

第二章　人類求生底意義和目的

人類本能底求生作用和各器官底功能　人類的求生作用，是不斷的，這種不斷的求生作用，完全是本能的要求。本能在人類求生的作用上，是一種基本的能力。所以人類的生存，就完全靠這基本的能力去活動；基本的能力有了很活潑的活動，人類生存便有了很活潑的發展。基本的能力，就是人類的身體的各部分的活動的能力。這人類的身體的各部分的活動的能力，就是耳的聽覺、目的視覺、鼻的嗅覺、口的味覺、皮膚的感覺、筋肉的運動，以及其他呼吸、消化、排泄諸種作用，都是本能的作用。這種種本能的作用，若是都很靈活的，人類生存便是很痛快的。若使這種種本能有一部分生了毛病，其他各部分都連帶的多少受些影響。因此在人類求生存的作用上，這種種本能，就非有切實的連貫不可，我們拿吃東西來說，我們人因爲應生活上的需要，是不能不吃東西的，但是吃東西的時候，不但是要手去取，還須要眼去看，鼻去嗅，口去嘗，這樣一來，才能很平安的把東西吃下去。

不然，就不免要發生危險，因爲一樣的東西，是有有利於人的，是有有害於人的；有利於人的東西吃了，固然可以供給人的身體各部分的本能作用的消耗；可是有害的東西吃了，就不免把人身體各部分的本能完全消失了作用。因此，我們吃東西的時候，是不可不審愼的：就是手是有拿東西的能力，但是不能審別東西，要審別東西，還須用眼。眼的能力，雖然是能夠審別東西，但眼是可以視別東西的顏色和狀態，而對於東西的氣味，是不能辨別的，要辨別東西的氣味，就要用鼻，但是鼻的能力只可以辨別有氣味的東西，沒有氣味的東西，鼻就不能辨別了，要辨別沒有氣味的東西，就須用口去嘗。因爲口有味覺，是能嘗來東西的好壞。在人類求生的活動中，各器官的功能，都能照這樣的連貫起來，互助起來，人類的生存，才能得到安全，才能得到發展。不然就非有很大的危險不可。

人類環境的作用和對於生活的關係　人類的生存，不但是各器官的功能，不能彼此連貫起來，互助起來，要受很大的危險，就是在自然環境中也常常對於人類生存發生一種危險作用，在自然環境中，對於人類生存有妨害的：第一、就是氣候的變化。氣候的變化，在一個季節裏，是一種漸進的變化，在一個年節裏，是有極端的變化。這極端的變化，就是極熱極冷的變化，這極熱極冷的氣候的變化，是和人類的生存有很大的關係，就是人類身體各部分的本能作用，在一種適當的氣候之下，才能得到充分的發揮。若使氣候有了極端的熱和冷，則身體各部分的本能作用，也因受氣候的寒熱的侵襲，發生一種不協調的作用。這種不協調的作用，就使身體感受了很大的不舒適和痛苦。這種不舒適和痛苦，是於人類生存有很大的妨害。

第二、就是風雨的不測。人類生存是和空氣有很大的關係，就是空氣是供人類呼吸的但是人類呼吸空氣，還得要純潔的空氣。所謂純潔的空氣，就是養氣成分多的空氣，若是沒有養氣，或養氣成分少的空氣，都算不是純潔的空氣。這不純潔的空氣，人類吸了便要生病，便要對於生存受很大的妨害。而且人類呼吸作用，是要很舒緩的，人類呼吸作用要舒緩的原因，就是因爲人類呼吸器官的構造，只能營舒緩的呼吸作用。但是這舒緩的呼吸作用，只能在空氣靜態之下去呼吸，若是空氣有了急遽的動態，人類呼吸器官就應付不來了。空氣的急遽的動態，就是起了大風。所以人類在起了大風的時候，人類呼吸就要感受極大的困難。而且起了大風，空氣裏常常含有塵埃，及其他不純潔的成分，人類若是把這種空氣呼吸了就容易生病，所以這自然界的大風，是於人類生存有極大的妨害。

不但風是於人類生存有很大的妨害，雨對於人類生存，也有很大的妨害。就是當天下雨的時候，地面上就起了潮溼作用，甚且成了水澤，這是於人類的住居，有很大的妨害。所以人類受了大雨的淋漓，或地面上起了潮溼的作用，就往往容易生病。

第三、就是野獸的來襲。人類在原始時代，是和野獸雜居。但是野獸是常常要食人的。人到了休眠的狀態，就失了知覺作用，這個時候是容易遭野獸的來襲。所以野獸對於人類生存，也是有妨害的。

人類因爲在自然環境中有這許多的妨害，於是人類活動，就要爲避免這些妨害去活動，這些妨害避免了，人類就能得到安全的生存；這些妨害不能避免，人類就不能得到安全的生存。所以避免妨害也成了人類求生活動的重要工作。

人類求生的目的　人類求生活動的重要工作：一方面是要避免自然界一切的妨害；一方面是要供給自己身體各部分本能作用的消耗。人類身體各部分的本能作用的消耗，據生理學家說：「是要有一種熱力，這種熱力的來源，是水和食物，」所以人類就要對於身體各部分的本能作用的消耗用水和食物來供給。水在地面上雖然是比較容易求得，可是還有潔不潔的分別。人類身體所用的水，是要很純潔的，若不純潔，就容易發生疾病，而人類生存就要受很大的妨害。至於生水是不可輕意用的，因爲生水是含有微生物，若是常常用生水，也容易發生疾病。所以人類用水，就要用煮沸的開水，煮沸的開水，是沒有危險的。

食物的種類是很多的，動物的肉是可以作食物的，穀類的實子，也是可以作食物的。但是動物的肉和穀類的實子，若是生食，就不容易消化，就會發生疾病。於是人類要食動物的肉和穀類的實子，須煮熟才可以食。煮熟的肉和穀類的實子，是合乎衞生的，是不容易發生疾病的。所以人類求生的目的：第一步，是要對於自己身體各部分的本能作用消耗的熱力，是要設法充分的供給。而設法充分供給的程度，是要能得到熟食爲止。第二步是要避免自然界一切的妨害。避免自然界一切的妨害的程度，是要能夠得到苟且安全爲止。能夠得到熟食和苟且安全的兩種程度，是人類求生的目的的最初的階段，也可以說是人類求生的目的的最低的限度。

人類求生的目的的最低的限度達到以後，第二步就是要求生存的舒適和快樂。人類生存的舒適和快樂，就是眼有視覺本能，而眼的舒適和快樂，就是喜視美色。耳有聽覺的本能，而耳的舒適和快樂，就是喜聽好音。鼻有嗅覺的本能，而鼻的舒適和快樂，就是喜嗅香味。口有味覺的本能，而口的舒適和快樂，就是喜嘗美味。因此，人類求生目的的第二步，就是叫眼要視美色，叫耳要聽好音，叫鼻要嗅香氣，叫口要嘗美味。

人類在求生存本能的舒適和快樂以外，對於自然界一切妨害的避免，也是向前進展的；人類最初避免的方法，是一種苟且求全的，後來再向前進展，就成了很安然舒適的。苟且求全的方法：在防禦野獸一方面說，就是土溝土壘的修築；在防蔽風雨一方面說，就是土穴茅屋的建造；在防禦氣候的變化來說，就是樹葉和獸皮的利用。安然舒適的方法：在防禦野獸一方面說，就是高垣厚墉的修築；在防蔽風雨一方面說，就是高樓大廈的建造，在防禦氣候的變化來說，就是麻葛和絲綢的利用。

人類對於自然界一切妨害的避免，到了用高垣厚墉，高樓大廈，麻葛和絲綢的時代，也就很舒適很快樂了。但是高垣厚墉，高樓大廈，麻葛和絲綢的創造，是從土溝、土壘、土穴、茅屋、樹葉、獸皮而來的。因此，我們知道世界的文明的進步，人類的進化，都是由這兩種觀念造成的。就是第一種觀念，是求生存的維持。第二種觀念，是求生存的發展。發展的程度，是沒有止境，所以世界的文明，人類的進化，也是沒有止境。

【本章參考書】

Bridyes: The Spirit of Man
Conklin: Heredity and Environment in the Development of Man
The Direction of Human Evolution
Councilman: Disease and Its Causes

第一篇 人類底起源

第三章 未有人類以前之世界生物

宇宙的開闢和世界生物的發生 宇宙是怎樣開闢的?沒有人能夠答復這個問題,中國史上女媧氏煉石補天,也是極荒謬的神話。現在天文學家研究天文謂:太陽系的天體原來是一團霧圍氣,這一團霧圍氣有向心力離心力的旋轉,向心力的旋轉,結果是成了今日的太陽,離心力的旋轉,結果是成了許多大小不同的行星。這些行星都繞着太陽做不息的旋轉,於是就造成了今日宇宙的現象。宇宙的現象,就是有太陽、行星、月球和其他一切自然界的現象、太陽、行星、月球和其他一切自然界的現象,都是含有生意的,都是能夠生物的,換一句話說·就是太陽、行星、月球及其他一切自然界的現象,都是有生物的能力和作用的。地球也算是自然界現象之一,也是行星之一,當然也是有生物的能力和作用的。所以自宇宙的現象造成——吾人也可以說是宇宙的開闢——以後,地球因為牠的能力和作用的關係,也就漸漸地發生了生物。

但是地球上發生生物,是從那一種先起頭的呢?是從什麼地方先發生的呢?現代古生物學家,研究生物的發生和進化，在太古巖石中曾發見藻類和放射蟲的痕跡：韋爾斯說：「世界生物的發生，是從藻類先起頭的，在藻類以外，還有一種放射蟲。」現代古生物學家又在太古巖石中，發見各種貝介、爬蟲、海帶等類的痕跡，據他們考究的結果，謂後於藻類、放射蟲而發生的。這些生物，都是水生生物。現代古生物學家又在太古巖石中，發見魚類和陸地動植物的痕跡。因此，我們就知道地球上發生生物，是從海裏面先發生的。海裏面有了生物以後，陸地上也就漸漸地有了生物了。

但是當時的生物，是沒有能行能飛的，最高的不過是海蠍類和三葉蟲等。所以當時的世界，不過是游泳類和爬行類的生物的世界。

生物的演進和爬蟲類的盛行 游泳類和爬行類的發生？我們研究達爾文 Erasmus Darwin 「物競天擇，適者生存」的學說，就可以明白。達爾文「物競天擇，適者生存」的學說，謂生物的發生、成長，都是要適應環境的，能夠適應環境的生物，就可以生存，不能夠適應環境的生物，就不能夠生存。因此，我們知道海水裏面的生物，只有海水的環境，是適宜於牠們的生存，後來因為海水有漲潮作用，海水在漲潮的時候，往往就把海水裏面的生物，衝到海邊來，海邊的環境，是不適宜於海水裏面的生物。於是海水裏面的生物，為求生存起見，就不能不適應新的環境——陸地的環境。——這新的環境——陸地的環境——是完全和空氣相接觸，於是這個時候被海水衝到海邊的生物，為圖牠們的生存，就不能不把適應海水生活的身體的構造，改變為適應空氣生活的身體的構造。等到日子久了，他們的身體的構造，就完全適應空氣生活了。我們看蠍，就是把身體改變了的生物，蠍原來是在海水中營生活的，是用鰓呼吸的。後來到了陸地，就把鰓縮入體中而爲肺，於是就用肺在空氣中來生活。又像螃蟹，也是把身體改變了的生物，螃蟹原先也是在海水中營生活的，後來他也是在空氣中可以生活，但是他在空氣中生活的時候，就漸漸地把庇鰓的背殼，轉變成甲，以資保護。所以在那個時候陸棲的脊椎動物，差不多都有古代的魚鰓。因此，我們就可以知道那個時候，陸棲的脊椎動物，都是由水棲轉變而來的。因爲陸棲的關係，就漸漸的在喉部發生袋式物以代替鰓部，於是就成了最初的肺浮膘，直到現在還有數種泥魚可以看出脊椎類由水遷陸的程序。這種泥魚（在非洲叫做肺魚）產在熱帶，在熱帶是有雨期和旱期的分別。這種泥魚在雨期的時候，河水旺盛，就在水中游泳而以鰓呼吸。到了旱期的時候，河水乾涸，這種泥魚，就藏身泥中，把鰓的作用完全停止，而以肺浮膘呼吸空氣，藉以生活。澳洲還有一種肺魚在河水乾涸的時候，牠就升到陸地，以吸空氣。蠑螈也和肺魚一樣，也是在河水乾涸的時候，就升到陸地以吸空氣。

這種生物轉變的過程，我們再就兩棲類的蛙和蠑螈來看，他們在產殖的時候，還是要在水中實行的。他們的卵是產在日光所到的水中，就在水中孵育，孵育以後就成了蝌蚪；蝌蚪因爲要在水中生活，所以蝌蚪就有枝式外鰓，這枝式外鰓又以鰓甲蓋之而成鰓房，藉以營牠的水中生活。到了長成以後，就用肺呼吸，就營陸上生活，而鰓就漸漸地縮小了。

在水陸兩方面都能夠生活的兩棲動物，後來再經過「適者生存」的轉變，就完全在陸上能夠生活了，我們看在陸上能夠生活的第一期的動物，就是爬蟲類。這爬蟲類就是由兩棲動物轉變而來的，所以爬蟲類也是卵生的動物。牠破卵以後，就能川肺呼吸，因此，就沒有在水中生活的必要。

爬蟲類完全成了陸棲動物以後，牠的形體還很相似兩棲類的動物，就是牠的四肢是很弱的，牠的肚腹是很大的，很像今日的鱷魚一樣。到了後來——地質學家稱爲中生代——爬蟲類的形體，就改變了，就是也有很強的肢體，也能起立以四足行走，也有用尾和後肢起立而以前肢取食的。所以這個時候爬蟲類的形體，就很近似哺乳類。這就是爬蟲類演進到哺乳類的起源，在南非洲和俄羅斯的中生代的水成巖中常常是發現這類爬蟲的骸骨，所以生物學家就把這類爬蟲叫做獸形類的爬蟲。這個時候，爬蟲類的繁殖就很迅速，差不多世界上到處都有了爬蟲類的蹤跡了。

同時，爬蟲的種類也是很多了，在獸形類爬蟲以外，還有鱷魚類及龜鱉類。就如長頸龍 Pleiosaurs 魚龍 Ichthyasaurs 是一種鱷魚類的爬蟲，都是很大的爬蟲。在長頸龍中又有一種節齒龍，由鼻端至尾端長三十呎。還有一種恐龍 Diplodoicuscatnegi 載域龍 Atlantosaurus 也是很大的長八十四呎。一九一二年德人在東非洲石巖中發現一種巨龍 Giantosansas 尤爲長大長過百尺。還有三觭龍 Triceratops 暴主龍 Tycannosaurus 也都是很長大的。這些爬蟲有食肉的，也有食草的，也有食樹葉的。食樹葉的爬蟲，多是能起立的——就是食樹葉的時候，挺身起立而以前肢攀樹而食其葉。在這些爬蟲以外，還有一種飛龍Pterodactyls，這飛龍是恐龍的一種，身輕能跳走，且能揉升。牠的第五指和軀體的中間具有蝙蝠式之膜。因爲有此膜的作用，由此樹可以飛到彼樹。因此，就名曰飛龍，也叫做翼手龍。所以我們知道爬蟲類是當時世界上最高的動物，也是很盛行的動物。

哺乳類的發生和類人猿的出現　翼手的爬蟲類，後來再進化就成了鳥類了。據生物學家說：就是牠的翼手的發達，和鱗甲的日益複雜增長，就是成了鳥類的羽毛了。這種羽毛是可以抵抗天氣的寒熱的，因爲有這種功能，鳥類就可以到處飛行。因之，兩極地方，也都有了鳥類的蹤跡。爬蟲類不但是進化到鳥類，後來也漸漸地進化到哺乳類了。哺乳類的毛髮，就是由爬蟲類的鱗甲長成的。爬蟲類進化到哺乳類，在最初的時候，也是很小的，就像鼠一樣，牠的毛髮很能蓄熱，因此，也就很能耐寒。後來到了氣候變遷，爬蟲類失了適應的能力，不能生存，而這種小動物，因爲有毛髮可以耐寒的關係，還是巍然可以獨存。因此，就代替爬蟲類而成爲世界生物的主人翁了。

哺乳類成爲世界生物的主人翁以後，牠的活動的能力，就比爬蟲類大的多了。就是哺乳類的動物，這個時候有能跳躍者，有能攀揉者，有能走行者，所以哺乳類的動物，牠的活動的能力，是很大的。牠不但有這樣活潑的活動的能力，而且還有繼續經驗的能力，不但自己可以應用自己的經驗，而且還可以受諸父母，傳諸子孫，就如土狼和犀牛一樣。土狼和犀牛是有受教育的可能性的。因爲有受教育的可能性，於是就能傳授經驗，所以這個時候，哺乳類的動物就有了神經系統，這就是後來高等哺乳類的由來。

高等哺乳類，就像馬、小駱駝、猿、狐猴、袋鼠、及食肉類，都是能以傳受經驗的。因爲能傳受經驗，所以牠們的腦力就漸漸地發達。據說：現在哺乳類的腦，比地質學上漸新紀時代的哺乳類的腦，約大六倍至十倍。腦的發達，是高等哺乳類進化的重要關鍵，進化的高等哺乳類，牠的腦力是很發達的。猿和狐猴是進化的高等哺乳類的動物，所以猿和狐猴的腦，能記憶，也能解人意，簡直和人差不多。而且牠的身體的構造，也有和人相同的地方，尤其是猿類和人類相同的地方很多。所以生物學家，就把猿類叫做類人猿。這類人猿，善用後足，能攀援樹木，也能立而馳，兩手是很靈便的，能執果子，也能以石擊核，或以石擊其同伴。

類人猿出現以後，因爲牠的腦比較的發達，所以牠的活動的能力就比較的大。而且這個時候類人猿的繁殖，也是比較的繁盛，於是到處就都有了猿羣了。因此，這猿羣在當時就成了高等哺乳類的主人翁，也就成了世界生物的主人翁了。

【本章參考書】

韋爾斯等著　生命的科學

韋爾斯著

梁思成譯　世界史綱

駱爾氏著　地球之進化The Evolntion of the Earth
奧茲本著　生物淵源與進化

第四章　人類的初現

類人猿的進化和人形動物的出現　類人猿成了世界生物的主人翁以後，牠的優點，就是有了羣的結合。這羣的結合，是和其他動物的羣，是不一樣的。就是其他動物的羣，完全是站在同類相聚的簡單觀念上，而且也是一種偶合的。因此，其他動物在各自尋食的時候，偶爾相遇，便走在一起，一遇到了做求食的活動，便各自分散了。就如狼在他們偶爾相遇的時候，便也走在一起，若是一旦遇到了猪和其他小動物，便各自分散去追逐，彼此也不相顧。所以狼的羣就是站在同類相聚的簡單觀念上，而且也是一種偶合的。因此，狼的羣並沒有求生的和自衛的觀念，也沒有求生的和自衛的作用。至於類人猿的羣就不然了，類人猿的羣，是有求生和自衛的目的的，因爲有求生和自衛的目的，所以類人猿的羣就有組織，往往一個猿羣是有幾十匹或幾百匹的猿。這幾十匹或幾百匹的猿，是有一個首領。這個首領就率着牠的羣猿做求生和自衛的活動。當敵人來襲的時候，就去抵抗，肚裏餓的時候，就去求食。因此，羣猿對於牠們的首領，就能夠絕對的服從，就能夠絕對的接受牠們的首領的指揮。因此，牠們的求生和自衛，就能夠得到十分的滿足。牠們藉着羣的力量，對於求生和自衛能得到十分的滿足，於是牠們就單獨不用自己的體力去求生和自衛了，因此，牠們的體力，關於鬬爭方面，就漸漸地減退了，也可以說，就是漸漸地變異了，這種變異的方向，就是要適應樹上的生活。因爲要適應樹上生活，於是原先用前肢支持身體，就漸漸地改變用後肢支持身體。在這個時候，前肢就可以隨便做其他的活動。就是可以上縱，可以凌空，可以摘果實，可以摟抱稚子。在用前肢時，所有許多的限制，到了這個時候，就大行解放，差不多什麼工作，都能夠做，這便是今日人形的開始了。所以這個時候的猿，就成了今日人形的動物了，猿成了今日人形動物以後，猿的身體的變異，就是股骨和臀骨間的相互運動，就更加便利，脊骨就變成彎柔而穩妥的撐柱，腰部就發現一道特別的曲線，筋肉的生長和位置也改變了一些。爲適合軀幹在股骨上的平均姿勢，鎖骨就大加強固，兩臂就能盡量運動，拇指和大指也變成專司抓握樹枝的利器。

猿的前肢進化以後，就能夠拿食物，能夠送食物進口，因之，口就用不着撅出的長唇和夾東西的鉗牙，所以原先的撅嘴就慢慢地退縮而成現在的口了。同時腦量也漸漸地增加，眼睛的位置也往前移動。這個時候，因爲在樹上生活的關係，還能把頭擰向左右轉，而擰向左右旋轉的度數，也漸漸地增加。到了這個程度，就可以尋聲隨響，也可以補助眼光左右射視的不足。據解剖學家說：今日人類的寬胸平背的體態，呼吸的時候，橫隔膜動得多，肋骨動得少，都是由於樹上生活養成的。而且在那個時候，因爲身體有了特殊的變異和腦量有了大大的增加，這人形動物也就知道使用工具了。但是這人形動物究竟是一種什麼動物呢？這人形動物？可以說是猿，也可以說是非猿，韋爾斯就把這人形動物叫做自立行的類人猿，這自立行的類人猿當時所用的工具，現在還有發現的。因之，韋爾斯就說：「自立行的類人猿，就是人類的祖先」

人形動物的古跡和原人發現的推測　自立行的類人猿，就常理說，應當是人類的祖先。但是不是人類的祖先？還須待考證。考證的方法，就是古跡的發見。現在對於自立行的類人猿的古跡的發見，是很少的。韋爾斯也說：「吾儕對於邃古原人，其所能察知者，直九牛一毛耳。」

一八九二年爪哇 Java 的特利尼 Trinil 地方，曾發見了一種動物的散骨，這種動物的散骨，據地質學家稱，是在第一冰河時代相當的地層中發見的。在這地層中發見的動物的散骨，是一骷髏頂蓋，一大腿骨，膝以數牙。攷究這腦狀的大小，約居人和猿類的中間，腿骨是屬於善行立與人同的動物，因此，就可以知道這種動物，也是可以自由用手的。但是把這種動物細攷究下來，不是人，也不是類人猿，乃是能自立行的類人猿。這自立行的類人猿，自然學家名之曰 Pith ecanthroqus erectus，就是立行猿人之意。這立行猿人是否為人類直接始祖，吾人也未敢斷定。但是吾人可以知道人類的祖先，一定是與此種動物相近。

後來在一九〇七年十月，又在海德爾堡 Heidelbery，附近的沙溝中，又發見了第二間冰河時期的一種遺骨。這種遺骨是在離地面約七十九英尺的地層中發見的。這種遺骨也不像現在人類的顎骨，可是和人類的顎骨，沒有多大的差別。所差別者，就只是沒有下頷的痕跡。這種遺骨較人骨重大，但是後部狹窄，似不足以運用舌部，使作語言這種顎骨也不是猿類的顎骨，因爲所帶的齒，是和人的齒是一樣的。一般學者詳加研究，就審定這是人類或原人類。這類人據韋爾斯說：「身與前肢必極大，而且遍體生毛，」人類學家就認爲這是內安得塔人的直接祖先。石滕些博士 Shvetensack 也認爲不是人和猿的中間物，乃是人類的一種，所以就名爲海得爾堡人。

再後來到了一九一二年，古物學家英人佐生 Charles Dawson 又於英倫塞塞克斯 Sussex 的皮爾當，也曾發見許多碎骨片。這許多碎骨片，是在第三間冰河時代的堆積物中發現的。第一片的發現，是在塞塞克斯築路掘出的石中，其餘碎片，都是自石堆中發現的。若把這幾片碎骨合攏起來，就是一種極厚的骷髏。這極厚的骷髏是現今各種人類所不能及的，推測腦量是在人與立行猿人的中間。古物學者沃得華 Smith Woodward 就把具有這種骷髏的人類叫做 Eoanthroqus，即是曉人之義。這種曉人是不是人類眞正的祖先，吾人也未敢斷定。但英國的歧司博士 Dr. Kith 曾以同時發現之顎骨研究，謂此顎骨尚不及其更古的海德爾堡古人的近人，其齒和今日的人類是差不多的。因此，就斷定這種曉人並不是人類眞正的祖先。不過這種曉人和人類眞正祖先的關係，就像猩猩和大猩猩的關係一樣。這種曉人雖也是猿類；可是他的智慧，實過於所有猿類。因此，就可斷定這種曉人雖非人類血統的嫡派，可是也和人類是很近的。因爲這種人類是在皮爾當地方發見的，所以就把這種人類叫做皮爾當人。

在一八五六年和一八八七年，先後在哥羅西亞 Croatia 的克拉比那 Krapina，杜塞爾多夫 Dusseldorf 附近的內安得塔爾，及比利時的斯擺等地又發見了人類的遺跡。在這遺跡中所見的骷髏及骨是和人類差不多的。因此，吾人就敢斷定必屬人類無疑。惟大指的伸屈和運用不及人類的靈便，體向前是傾的，頭部不能直立，無頷，因此吾人又敢斷定大約是不能言而且身體笨重，牙齒和牙根也是和人類大不相同的。雖不似今日的眞正的人類，然歸之於原人，是毫無疑義的。

原始人的環境和動物性的生活　我們在上邊發見原始人的遺跡，多半是雜在其他動物的骨內，或在原始人的遺跡發見的附近，就有其他的動物的骷髏。因此，我們就知道原始人類是和動物常在一起的。原始人類的生活，也和動物是差不多的。原始時代的動物有原象、犀牛、河馬、大水獺、野牛、野馬、刀齒虎、還有熊、狼、野豕等。這些動物都是和人常在一起的，都是同人爲伴侶的，所以人的生活，也都是同這些動物是差不多的。這些動物是飢而食，飽而嬉，於是人類的生活，也是飢而食，飽而嬉。這些動物在求食的時候，就往往互相殘殺，以謀自己的飽食，人類也是在求食的時候，就和其他的動物互相殘殺，以謀自己的飽食。不過人類的腦力是比較其他的動物發達，所以人類的智慧，就比較其他的動物稍高。在人和動物彼此殘殺的時候，而人就往往利用機會，攫取獸類而食之。韋爾斯說：「原人嘗利用狼以獵刀齒虎」就是原人把狼獵得的刀齒虎，自己趁着機會，就攫取到來吃了。

原始人類和動物相殺，有時候還知道利用工具；古物學家曾考究原始人類所用的工具，有刮刀，鑽，小刀，標槍，擲石手斧等。這似乎比動物稍高一點，可是高等動物也是知道利用工具的，如狒狒用石以劈果核，用槓移石以獵蟲類，且以竿與石做武器。

原始人類和動物相殘殺，有時候就把動物由所居的穴裏逐出，自己就住在裏邊。韋爾斯說：「原始時代，穴居的獅、熊、狼，嘗嘗被原人逐出，奪其穴以自居。」

但是原始人的穴居，是很少數的，多數的人就在小川的旁邊做他們棲留的處所，這棲留的處所，韋爾斯就叫做蹲息處。在這蹲息處的地方，他們爲防阻潮溼，就在地上鋪以羊齒苔或他種乾物，爲防蔽風雨，就在蹲息處的旁邊用樹枝編成屏障。他們爲防惡獸來襲，就在蹲息處的旁邊，徹野燃火。有時天氣嚴寒，用火也可取暖。

在白晝的時候，他們就離開蹲息處獵取食物。他們所獵取的食物，多半都是兔、鼠，至於毛象、熊、獅，是很少的，而且有時就爲這些毛象、熊、獅所害。他們所獵獲的獸類，就擕在蹲息處而食。他們所食的獸肉，也不嫌腐味之惡劣，也不知顧，只求一飽就算完事。這一點也和其他動物是差不多的。

總之，原始人的生活，是和動物差不了多少的，所差者，就是原始人的智力比較其他動物稍高，因之生活就比較其他的動物，稍形複雜。

【本章參考書】

日本丘淺次郎著　馬廷英譯　由猿羣到共和國

英國湯姆遜著　伍況甫譯　原人

英國麥開柏著　吳敬恆譯　荒古原人史

英國韋爾斯著　梁思成譯　世界史綱

游嘉德著　人類起源

第五章　人類的進化

原人的進化和眞人的出現　原人的生活，雖然比較其他動物稍形複雜，可是原人的身體構造和形態，比較其他動物，也差不了多少。尤其是和猿類是很相近的。有一種猿類的身體也是能直立的，也是能直行的，簡直和人是一樣的，惟所差者，就是足部有一點不同。人類的足部主要的部分，就是後踵和前肢。當行路的時候，大趾是很重要的。就是大指是主要的支力所在。猿類就不然了。猿類的足部是以中趾爲主要支力所在。並且猿類行走，完全是靠足的外緣，而大指永不着地，這就是猿類和原人的一點差異。除了這一點差異，猿類和原人就簡直一樣了。所以進化論者就說原人是由猿進化而來的，猿既然可以進化到原人，那原人自然就可以進化到今日的人類了。今日的人類我們就叫做眞人類。這眞人類的出現，據考古學家說：是在後石器時候——也叫做新石器時代。後石器時代，地球上的冰凍均已瓦解。新植物都很繁盛的生長起來，有許多的動物也都繁殖起來，新人類也是在這個時候出現了。這種新人類，據人種學者稱：是和今日的人類是一樣的，不但腦和手是和今日的人類一樣；就是齒和頸也和吾儕沒有分別。因此，我們就知道這是眞人類了。在一八六八年，法國工人在愛慈斯 Les Eyzies 村附近建築鐵道，就發現了許多人類的骨骼。這許多人類骨骼都是在克魯麥囊 Cro-magnon 洞穴中發見的。因此把這種人類就叫做克魯麥囊人。克魯麥囊人，身體長大，面寬鼻高，腦大異常。就是婦女的腦量也比今日男子大。而且腮頰兩骨又寬又高，鼻狹而且凸出，下顎骨厚而強，而上牙床則狹，兩眼大而淺，而在兩眼中間的地方則頗狹，四肢極強，所以克魯麥囊人是一種很高大強悍的民族。在克魯麥囊人以外，還發現了一種格里馬第人 Grilmadio。格里馬第人是在一八七四至一八七五年發現的。格里馬第人也是在洞穴中發現的，因爲在這個洞穴中發現的兒童骨很多，所以就把這個洞穴叫做兒童洞。在兒童洞穴中發現的格里馬第人，據說是比克魯麥囊人的身材爲短，女子有五尺二寸，少年有五尺一寸，這種人的骨盤，頭蓋，腰部組織，和四肢的比例，都和黑種人無大區別。

這二種人類在歐洲都是新石器時代才有的。新石器時代爲何忽然發現這二種人類呢？一般學者都是莫明其妙，或說是從亞洲到歐洲的，但是也沒有確切的證據

可是我們看這二種人類的身體，比以前人類的身體大大的有所不同了。就是以前人類的身體是適應樹上生活的，這二種人類的身體完全是適應地面上生活了。在樹上生活的時候，在樹間的擺蕩，身體是重點，肢是支點，臂上的雙頭肌，就是對於那活動的槓桿或上臂供給力量的所在，槓桿上支點的距離愈遠，力量愈大。就像樹猿的雙頭肌，附着於骨的地方比人多一處。成爲三頭肌，所以舉起重來就較爲容易，所以人類在樹上營生活的時候，也是有三頭肌的，後來因爲環境改變——就是由樹上生活跑到地面上來生活的時候，——他原來的手臂就不適用了，這個時候手的用途就大了，一切的工作，都是拿手要去做。當手作工的時候，那活動的槓桿已經從上臂移到了前臂，人的前臂與上臂的比較長度雖各不相同，但前臂通常總是短而多力。所以這個時候就再不需要三頭肌了，

此外，腳部也和以前不同了，腳部的變異，就是從前在樹上生活而直立做行走的姿勢的時候，是用腳底的外緣來着樹枝的。到了地面上生活的時候，直立的行走就成了通常用的，直立行走成了通常用的，這專用腳底的外緣來着地，就不成功了。因此，腳部的變異，就是要前趾和後踵發達。前肢是身體向前行走的時候是要用力的，後踵是身體直立的時候要用力的。所以這個時候人的腳部的前肢和後踵都特別的發達。腳底的外緣，就用

不着了。這就是和在樹上生活的時候大不相同了。

此外人類的身體的各部分因爲環境的適應，也都有了相當的變異，就是頭部因爲腦的發達也就變大了；下顎因爲口的省力也就變短了；身體和手臂因爲省了大力也就縮短了，腿部因爲支持身體的關係也就長高了。

因爲有以上種種的變異，原人的身體就進化而成今日的人類了，這今日的人類，就是新石器時代的新人類。

眞人的腦力和智力　新石器時代的新人類，我們就叫做眞人。這眞人不但是身體上的各部分和原人有些區別，就是原人的腦力和智力都是不如眞人的。原人的腦部是很小，所以腦的作用也是不很發達。原人因爲腦的作用不很發達，所以他們的生活，就和動物差不了多少。動物的生活是一種盲目的衝動的，原人的生活也是一種盲目的衝動的。而眞人就不然了，眞人的腦部比較是很大的，腦的作用，也是很發達的。所以眞人的智力就大爲增加。

這種智力和腦力的關係，我們可以由生物進化的事實看見，在低級動物，就像魚類的魟或鮫的腦，是和犬一樣的。所不同的就是大腦的腦皮。犬的大腦皮是很複雜的，魚類的大腦皮是很簡單的。所以犬類關於嗅覺、視覺、聽覺的消息，大腦都可以顧慮周到。就是大腦可以傳達，可以記憶，而魚類就不然了。魚類的大腦，只可以顧慮到嗅覺；嗅覺以外，就不能顧到了。由此，就可以知道高級動物的腦，是比較低級動物發達。這種發達的地方，就是大腦的腦皮。若是大腦的腦皮，能夠演進到把其他的部分遮蓋起來，或無地可容。在表面上擠出縐紋變成許多的皺褶，這個時候智力也就增加了。生物學家研究犬和兔的大腦，謂犬的大腦是有縐紋的，兔的大腦，是沒有縐紋的，很光滑的，所以兔的智力就要屈伏在犬下的。原人和眞人也是這樣：原人的大腦是光滑的，就是大腦的面積是很小的，所以原人的智力就是很弱的，眞人的大腦是有縐紋的。就是大腦的面積是很大的，所以眞人的智力就比較的大。

【本章參考書】

韋爾斯著　梁思成譯　世界史綱
英國麥開柏著　吳敬恆譯　荒古原人史
英國湯姆遜著　伍況甫譯　原人
游嘉德著　人類起源

第二篇　肢體勞動求生時代

第六章　原人類的求生

原人類對於野獸的搏擊和圍獵　原始人類的求生，我們在前邊已經說過，是和動物差不多。就是原始人類的求生，完全是本能的衝動，所以飢的本能衝動了，就去求食，渴的本能衝動了，就去求飲；在飢的本能和渴的本能沒有衝動以前，就不知道去求食和求飲，當時求飲求食的方法，就是獵取獸類，因為獸類的肉是可以吃的，獸類的血，是可以喝的，所以在原始人類飢喝的本能衝動以後，就去獵獸。原始人類獵獸，就是搏擊，搏擊是直接用手去擊獸的，因為當時人類的手，是和獸類的抓子一樣，是可以搏擊的。所以人類當飢餓的時候，就用前肢很大的腕力和長指長爪同野獸相搏擊，才可以得到獸類，才可以得到食品和飲料，但是搏擊也是很不容易的，就是獸類也有牠的抵抗，或逃避的本能。當人類搏擊獸類的時候，獸類就用牠抵抗能力和人類相抗，到了抗不過人的時候，就用牠擅長的逃避的本能，便逃避了。因此原人類在搏擊獸類的時候，一方面要防備獸類的抵抗，一方面還要防備獸類的逃避。在防備獸類的抵抗和逃避的當中，原人類就發明了圍擊的方法。圍擊的方法，就是用大家的力量合而圍擊。圍擊，使野獸不容易逃避。所以圍擊比較搏擊，是進步的方法。但是圍獵，是要有多數人。這些多數人在當時是不容易集合，所以這圍獵的方法，也不是常常有。

圍獵的方法，在原人類既不是常常有，而個人的搏擊，又不容易有效，因此，原人類又發明設陷阱以陷獸。設陷阱的方法，就是挖土成坑，上覆以樹枝，或掩以草，或薄蓋以土，使獸誤投到此坑裏，人們就乘機擊殺之。所以設陷阱的方法，在當時比較是簡便而有效的方法。

原人類獵獸，在用設陷阱以外，又利用獸類彼此相殺。我們在前邊已經說過「原人嘗利用狼以獵刀齒虎」但是利用獸類相殺，是一種偶然的，不是可以隨意的，於是原人類有時候也豢養犬。中國文字所用的狩字，是從犬旁的，獵字也是從犬旁的，這也或是根據原人用犬打獵的遺意。

原人類對於魚介的捕捉和鈎釣　太初時代地面上的水，是很多的——至少要佔地面二分之一；如中國古書上所說：「洪水滔天，浩浩懷山襄陵，」就可見一般。在這種環境之下，陸居的人固然可以獵取獸類，而瀕水的人就不然了，瀕水的人，是要在水中找東西來食的。水中的東西可以食的，就是魚介之屬，所以人類就拿魚介來做自己的食品。原人類捕捉魚介的方法，就是投入於水，作泅水的狀態而捕捉之。但是這種捕捉也是很不容易的，就是要遇機會，有了好的機會，就可以多捕魚介；若是沒有好的機會，捕捉也是很艱難的。而且入水游泳，在天氣溫和的時候是可以的，若是一遇天氣寒冷，就常常不免發生疾病，所以入水捕捉，是有時間性的，就是天氣和暖的時候，是可以入水捕捉的，天氣嚴寒的時候，就不能捕捉了。

因此，在這種情形之下，原人類又發明鈎釣，鈎釣無論在天氣嚴寒的時候，或和暖的時候，都是可以用的。鈎釣的方法，是用一樹枝或一竹竿，上繫一條細長的樹皮，在樹皮的一端，繫以肉餌，誘魚上竿而鈎釣之。鈎釣在當時所得到的魚，雖不及入水捕捉的多，然而也是有相當的獲得，也可以維持相當的生活。所以原人類在不能泅水捕捉魚介的時候，就要用釣竿去鈎釣。但是鈎釣只能限於魚類，至於介類就不能用鈎釣了。瀕水居民的食品，不只限於魚類，就是介類也是可以做食品的，韋爾斯說：「瀕水初民的食品除魚類外，其他介族如淡水蚌，水藻……都是可以吃的。」因此，原人類也去結繩爲罟，用以打撈介族。自原人類能夠結繩爲罟以後，不但是介族要用罟去打撈，就是魚類，也往往用罟去打撈。

原人類對於果實的採集和掘取　原始人類，以獵獸爲自己的生活，總是不大穩妥。因爲獸類是遊走的動物，而人類的食量，是有一定的時間，拿人有一定的時間的食量，去追逐無定的遊走的獸類來做自己的食品，就是要常常挨餓的，於是原人類就在挨餓而不能忍受的時候，就隨便在地上摘取草類的實子和嫩葉來充飢，因此，就發明了草類的實子和嫩葉是可以做食品的。於是就常常在得不到獸類的時候，就拿草類的實子和嫩葉來充飢。在拿取草類的實子和嫩葉來充飢的過程中，漸漸地就發明了草類的地下莖，是比較有多的養料，而且也是容易消化。於是這個時候，人類的食品，就趨重於草類的地下莖——就是在肚裏餓的時候，就掘取草類的地下莖，來做自己的食品。但是地下莖的植物是有限的，是不能夠充分供給人類的食用，因此，原人類就不能不找取其他的食物來充飢。當時人類所找到的其他的植物可以做充飢的食品的，據韋爾斯說：「有榛子、山毛櫸子、栗子、花生、及橡子，又有野蘋果、山梨、櫻桃、刺栗、烏荊子、烏蘞莓子、扁柏子、小玫瑰果、山楂、水芹菜、木耳，及其他肥嫩的葉芽和唇形科地下所生之莖。」

在中國殷虛書契文有□字，是象採集樹上的果子；□字，是用手爬掘地上的草及其根之象，廿象兩手，□象草枝葉及根屈曲之形。就是表明人類得不到獸類的時候，往往是採集樹上的果實和掘取地上的草及根，以充飢。

此外，還拿其他的東西做補助的食品，韋爾斯說：「鳥卵，鳥雛，野蜂的蜜，蜂房等，都是人類補助的食品。蠑螈、蝸牛、田雞……也是人類補助的食品，」就是人類當肚裏餓的時候，就拿這些東西暫時的去充飢。所以我們知道當時初民拿這些東西做食品，絕沒有美味的觀念，也是不得已而食之，因為當時沒有火化，也沒有烹調，味的作用，是根本不知道的。

【本章參考書】

韋爾斯著 梁思成譯　世界史綱
德國米勒利耳著 陶孟和譯　社會進化
Jordan: The Human Harvest
Tylor: Primitive Culture
Lull: The Evolution of Man

第七章　原人類對於身體的保護和防衛

原人類保護身體觀念的發生和穿衣的發明　原始人類對於身體的保護，起初也和其他動物是一樣的，就是遍體生毛——天氣寒冷了，毛就生長的葺厚天氣炎熱了，毛就生長的稀薄——這種毛可以說就是最好的天然衣服。但是毛的生長，是有相當限度的，氣候的變化，是沒有一定的程度的——就是天氣有過熱過冷的時候。天氣過熱過冷的變化，不但是在一年裏頭是有的，就是在一天裏頭也有早晚的不同；這種變化，專靠身體的天然衣服是應付不來的。因此人類就有穿衣服的發明。原始人類起初所穿的衣服，就是樹葉和獸皮，因爲樹葉和獸皮是極現成的東西，於是天氣寒冷的時侯，就把獸皮披在肩上，或把樹葉聯綴起來披在肩上，藉以禦寒；

因此，就有皮衣和葉衣的發明了。

皮衣多半是在天氣寒冷的時候穿的，葉衣多半是在天氣稍暖的時候穿的。當時對於皮衣和葉衣的穿法？就有許多不同的說法：有人說，是從肩上穿起的，有人說是從臀部穿起的。依我們推測，肩部和臀部是有同時穿衣的可能。因爲人類起初穿衣，是沒有方法，只求能夠把樹葉和獸皮披掛在身上，就算完事，肩部和臀部都是有披掛的可能，所以我們說：人類穿衣，是由肩部和臀部同時穿起的，就是在身體的上部，是要用肩部來披掛，在身體的下部，是要用臀部來披掛。還有人以爲人類穿衣是由臀部先起的，他們的理由，就是以爲人類性欲觀念發達以後，人類知道害羞，於是就把臀部和陰部遮蓋起來，這便是穿衣的起源。我們看柳詒徵在他編的中國文化史裏說：「人類之生，同於禽獸，男女無別，亦無名稱，」所以我們知道人類在最初的時候，連男女都沒有分別，還知道性欲的觀念，是可以害羞的嗎？

原始人類在穿皮衣和葉衣以外，還有一種方法，就是把身體塗抹起來，用脂肪、松香油、橄欖油、羊油、與煤煙或赭土和軟膏混合起來塗抹於身體上，把身體塗抹的愈髒愈覺暖和，因之身體常常起一厚層，這種厚層，我們可以叫做塗衣。塗衣的好處，不但是可以禦寒而且是也可以禦熱，不但是可以禦寒禦熱，而且是也可以防止蚤虱。所以這種塗衣，可以說是原始人的比較進步的衣服，這種衣服，常常使身體柔軟而又不妨害動作，有時還可以用顏色點畫以爲美觀。

人類對於風雨的防蔽和茅屋的創建　原始人類對於風雨的防蔽?就是在樹林裏去過夜。因爲人類最怕風雨的時候，就是夜間，人類每當夜間，就要休眠，人類若是在休眠的時候遇了風雨，是最容易發生疾病的。所以人類每當夜間防蔽風雨，就成了最重要的事。人類每當夜間防蔽風雨的方法，就是選擇休眠的地址，休眠地址，就是要能夠蔽風雨的地址；當時能夠蔽風雨的地址，就是樹林，所以原始人類每當晚上，就跑在樹林裏去過夜，久而久之，就以樹林爲自己的住所了。

這種情形，我們在柳詒徵編的中國文化史裏，也可以看得出來，柳詒徵編的中國文化史裏有一段說：「古者君主相傳號爲林蒸，爾雅、林蒸，君也，蓋古之部落，其酋長多深居山林，故後世譯古代林蒸之名，即君主之義，」就這段文字看來，古代的酋長，多是在山林居住的，所以一般人民在樹林裏居住，也是無疑的。至於在樹林裏居住的原因，雖沒有明白的說出來，可是我們就人類實際生活情形來看，在樹林裏居住，就是爲避風雨的，至少爲避風雨，也是一個很重要的原因。但是樹林底下也不是絕對沒有風雨，不過樹林底下的風雨，比較其他地方小就算完事。這小的風雨，也是應當要防蔽的，於是人類爲防蔽小的風雨起見，也就隨便在樹上折取樹枝，拿樹枝搭起屏壁，或利用搭屏壁的經驗，把樹的大幹砍下來，插在地上，在樹的大幹上，又搭以樹枝，在樹枝上蓋以青苔，這個時候，防蔽風雨的方法，就比較的完備了。

人類對於野獸的防禦和羣居的開始　原始人類在休眠的時候，除防備風雨以外，還要防禦野獸。他們防御野獸的方法，就是燃火。庫斯聶說：「……在長期的冬季裏，火是可以恐嚇那些游蕩於人羣週圍的野獸。所以火是當時人類最好的守衛兵，牠使人在熟睡的時候，不致受異外的侵襲。人羣在可以奪取避日光的地方的時候，火往往是反抗野獸的工具。……大的猛獸，既不怕木棒，又不怕原始人爲的石器，所怕的祇有火。」當時獸類最怕火的原因，就是原始人類獵獸的方法，往往是用火放燒叢林，在用火放燒叢林的時候，野獸就懼火而出走，因此人類就可以乘機獵殺。若是不能夠出走的野獸，往往就被火燒死。野獸得了這種教訓，所以見火就非常的怕。原始人類知道了野獸這種弱點，就以燃火爲防禦野獸的惟一方法。每到夜間，就拾柴一堆，把火燃燒起來。這燃燒的火光，很可以使野獸生怕。

用火防範野獸，在中國殷虛文字中，也是可以看得出來的。殷虛文字中如赫字[illegible]（殷虛書契卷一第十二葉）[illegible]（同上第二葉）[illegible]（同上第三葉）[illegible]（同上第八葉）[illegible]（同上第三十一葉）[illegible]（同上第三十七葉）就是表示兩旁燃火，把人圍在中間，這種意義，就是用火防範野獸的意義。又如炬字[illegible]，這種執炬的形式，雖然有兩層意義——一方面是表示取光取暖，一方面是表示警衛，可是最重要的意義，還是警衛。

人類在燃火防禦野獸以外，當時還有羣的結合。當時所謂羣，通常是只有三五個人。這三五個人，是不能防御多的野獸。因此人類爲防禦多的野獸起見，就把許多的小羣攏合起來，住在一起，便就成了大羣。這種大羣的結合，是以一個共同的目的結合的。所以他們在防御野獸的工作上，完全是一致的，就是野獸來了，他們一致的就去抵抗，野獸不來，他們也一致的燃火去做防禦野獸的工作。

【本章參考書】

韋爾斯著　梁思成譯　世界史綱

德國米勒利爾著　陶孟和譯　社會進化史

英國麥開柏著　吳敬恆譯　荒古原人史

柳詒徵編　中國文化史

第八章　原始人類兩性生活的婦女的中心地位和母系制度的發生

人類的性的本能作用和兩性生活的要求　原始人類性的要求，完全是一種本能作用；就是人類性的本能衝動了，就有性的要求的表現，若是人類性的本能沒有衝動以前，也就沒有性的要求的表現。

人類性的本能作用的衝動，就是在飽食暖衣以後。霞爾魯妥努(Charles Cetaurneau 1831–1902)說：「生殖是營養的成果，」所以我們就知道人的身體有了充分營養，就容易發生性的要求。因此身體強壯的人，他的性欲的要求，也特別的強烈；霞爾魯妥努說：「我們調查極單純的有機體的生殖過程，可認此種大作用，相當於營養的過剩。即將營養物若將其機體之解剖學的要素，達於極量，終達於溢出之度，遂更造出新要素。當此新生的要素，還可以與以前成其個體的要素相聚合時，或在尚未完結其一致與此有機體之原型的發達時，在那裏只有成長；但一達到其種之不可超越的界限時，其極原始的有機體，通常分裂爲兩半而生殖。」這雖然是指下等的生物而言，但是生理作用，無論是高等的生物，下等的生物，都是一樣的，都是有了充分的營養，就發生生殖的作用。這就是人類性的本能作用衝動的由來。

原始人類性的本能作用，是不容易發生衝動的，就是原始人類的性的本能的感覺，是很遲鈍的。這種遲鈍的原因，就是原始人類性的本能的感覺，是常受吃飯本能的壓迫，因爲原人吃飯，是常常不能滿足吃飯本能的要求，所以飽食的機會就很少。飽食的機會既少，所以對於身體就沒有充分的營養，身體既沒有充分的營養，於是性的本能作用，就不容易發生衝動。性的本能作用既不容易發生衝動，於是就沒有兩性的思慕，因此兩性生活的要求，就不容易發生。原始人類的性交，就是亂交；這種亂交在原人時代，也是很自然的，就是原人偶爾性的本能作用發生衝動以後，便實行亂交，亂交以後，就各自分散。

在亂交以外，還有一種雜交；霞爾魯妥努說：『在現在美洲從愛斯基摩地方，至保特高尼亞，借貸妻子於友人的事，不只是合法的，而且受社會之贊揚。愛濟地阿斯 Eyidins 關於愛斯基摩的敍述說：「他們毫不躊躇的借妻子於他們的朋友，並得其部落人之稱許；好像此種行爲是帶有一種最善良、最高尚的性質，」』他又說：「在現在澳洲女孩子從十歲就與十四歲或十五歲的男孩子開始同棲，沒有一個人來非難他們；並且這裏還有一種性的歡宴，此歡宴的意義，就是使青年男女行一種在白晝的自由結合」他又說：「在許多蒙昧民族，都有這種風俗，在保利奈西亞年青女子在十九歲或二十歲以前不結婚，就是不變爲男子的動產；一直到她與許多男子做過隨便的結合以後，一直到懷了孕的最後一回」所以我們知道雜交；在現在許多蒙昧民族，還是有的，就是一個女子和許多的男子去作性的交合，這種男子是沒有一定的限制。

人類婚姻的發生和羣婚制度的成立　雜交雖然是可以和其他的異性相交合，但是人類性的本能作用，是含有排他性的。在原人類生活稍形進步，性的要求強烈的時候，這稱排他性也隨之強烈，所以這個時候，人類雜交，就爲性的本能的排他性所不容。人類性的本能的排他性，就是性的純潔觀念的表現，人類因爲有性的純潔觀念，所以對於異性的雜交，非常厭惡，因此，人類爲保持性的純潔，就有婚姻的發生。

原始人類婚姻，是和自己的兄弟姊妹作配偶，就是在同一母系之下的一切男女，都自然成爲配偶——夫婦。而且這種夫婦，不是個體的配偶，是羣體的配偶，就是同一母系之下的一切女子和一切男子成爲配偶，在同一母系之下的一切男子和一切女子成爲配偶。這種婚姻在婚姻史上就叫做純粹血族的羣婚。

後來人類看到同一母系之下的一切男女，都成了夫婦以後，關於子孫的繁殖，是不容易發達，而且生育的子女，身體衰弱，智力魯鈍，於是就進而實行異姓間的兄弟姊妹的結婚，就是一切男子除開了自己的同胞姊妹之外，便是一切女子的公夫，一切女子除開了自己同胞兄弟之外，便是一切男子的公妻，簡單的說，就是這家的兄弟，便成了那家姊妹的公夫，那家姊妹，便成了這家兄弟的公　妻這種公妻公夫，就是兄弟共多妻，姊妹共多夫。這種婚姻，在婚姻史上，就叫做亞血族的羣婚。

婦女的中心地位和母系制度的發生　人類婚姻，在這個時候都是男子出嫁於女子的。因爲男子出嫁於女子，於是女子就居了人類的中心地位，就是一切男子，都是以女子爲依歸。因爲一切男子都是以女子爲依歸，於是男子生活就要附屬於女子生活的當中，就是男子要受女子的支配。男子要受女子支配以後，於是男子所獲得的食物，就由女子去保管分配。因此，女子就漸漸的握有家庭的生活權。而且這個時候，家庭的夫婦是兄弟的共妻和姊妹的共夫的夫婦，這兄弟的共妻和姊妹的共夫的夫婦，這就是一種多父多母的家庭。這多父多母的家庭的小孩，在事實上還是知道有母而不知有父的。因此，母的地位，就成了家庭關係的惟一的中心地位了。母的地位成了家庭關係的惟一的中心地位，於是的家庭代表就以母氏爲代表，這便是母系制度的發生。

母系制度發生以後，女子就成爲家庭的主人翁，家庭的主權都完全操於女子的手中，而女子對於家庭，就要負有血統傳續的義務，像今日的男子一樣。因此，就有宗母制度的發生。宗母在古代的社會裏，就是氏族的祖先，差不多各個的氏族，都有一個共同的宗母，這種制度，在今日的野蠻民族中，還是存在着。

以女性爲氏族的祖先的家族，其宗派就是女性的祖先的子女，和女性祖先的女所生之子女，以及女性祖先的女系子孫之子女，都是母系家族的宗派。至於女性祖先的子所生之子女，和女性祖先的男系子孫，則屬於其他的氏族。因此，我們知道母系的家族的宗派，完全是和今日父系的家族的宗派相反的。

【本章參考書】

魯妥努著　衞惠林譯　男女關係的進化

莫爾甘著　楊東蓴譯　古代社會

韋爾斯著　梁思成譯　世界史綱

第三篇　工具勞動求生時代

第九章　眞人類的求生

工具的製造和進步　原始人類獵獸，多半是用手搏擊獸類，有時候也利用石子，但是原人類所利用的石子，多半是現成的小石塊，就是用小石塊以拋擊獸，有時候把小石塊擊成碎片，用石片來刺殺獸類，但都不能算是一種工具。近代雖然也有發現原人類所用的刮刀、鑽刀、標槍、擲石、手斧等，但都是很粗糙的。到了眞人類時代就不然了，眞人類所用的石器就比較的精緻。在原人所用的石斧，是很粗糙的，是稍具形式的，因此後人就把原人石斧，誤名爲鴉尖，爲鶴嘴。到了眞人時代，這種石斧製造的進步，簡直就和今日所用的斧的形式差不多了。上端穿孔，繫以木柄，所以眞人時代所用的石器，就成了一種工具。這種工具所用的石料，也和以前大不相同。就是原人時代所用的石料，多半是粗石的，後來雖漸漸地知道用石英，可是當時所用的石英，是很有限的，到了眞人時代，所用的石器，如石斧、石刀、石槍、石鏃，多半是用石英做成的。在用石英以外，還有綠石、黑硅石、蛇紋石、碧石、水晶石、也都是被採用。在這個時候，石器的種類，也就加多了，就是這個時候，人類已有石槍，石鏃的製造。

在一九二一年農商部礦政顧問安特生 Anderson 先後在遼寧、錦西縣、沙鍋屯與河南澠池縣仰韶村掘得石器、骨器單色陶器及彩色陶器等斷爲眞人類最早的遺物。一九二三年至二四年安特生又先後在甘肅洮沙縣新店附近，狄道縣寺窪山、西寧縣下窪及鎮番縣沙漠等地發見石器陶器及少數銅器，斷爲眞人類的遺物。所以眞人類時代工具製造的種類就很多，就很進步了。以後眞人類又發現鐵，又有鐵器的製造，自有了鐵器的製造以後，人類使用的工具，就越發便利了。

火化方法的發明及新事物的發見

原始人類在燃火以防禦野獸的時候，往往就把採掘的地下莖誤投火內，殆發覺時，已被火燒熟，於是就把這燒熟的地下莖取出來吃，就覺得是很好吃，以後就把所採掘的地下莖，都放在火內去煨烤。但是當時所煨烤的地下莖，是沒有一定的限度，就是看到外皮稍黑，就取出來吃。所以當時的煨烤，多是半生不熟的。在後來又把獸肉，放在火內去薰烤。薰烤獸肉也是看到外皮稍黑，就取出來吃，所以薰烤的獸肉，也是半生不熟的。

到了眞人時代，就有燒煑方法的發明，當時發明燒煑的方法，據莫爾甘的研究，就是人類就木製器皿或樹皮織物之外部，塗以粘土，使其能煑食品，耐火而不燃化。

這種燒煑方法發明以後，也就得到了陶器製造的發明。就是人類在最初燒煑食品的時候，往往就把木製器皿或樹皮織物盡行燒燬，僅留剩外部所塗之粘土，而這粘土，也因受火的燒烤而堅硬，從此以後，就知道利用這種經驗，把粘土燒成陶器，用陶器來煑飯，因此，就有陶器的製造。

人類發明燒陶器以後，又利用燒陶器的經驗，把粘土燒成比較堅硬的泥塊，這種泥塊，就是今日的磚瓦。人類就用這種磚瓦來蓋造房屋，於是居室就有了進步。居室有了進步以後，人類就利用蓋造房屋的經驗，製造各種木器。

從此以後，人類製造的經驗，就一天一天的加多，人類的製造方法，也就一天一天的進步。於是人類也就知道利用樹枝或燈草編成籃簍，也就知道利用大麻來織布以做衣料，於是這個時候，人類生活，就有很顯著的進步

【本章參考書】

韋爾斯著　梁思成譯　世界史綱

英國麥開柏著　吳敬恆譯　荒古原人史

楊東蓴編　本國文化史大綱

第十章　野獸的馴服和畜牧事業的發生

野獸的馴服　原始人類獵取野獸，因爲沒有好的工具，所以就不容易得到多的獸類。到了眞人時代，眞人就用自己製造的進步的工具去打獵，所以就能得到很多的野獸。而所得到的野獸往往一天兩天不能吃完。因此，就把這些野獸豢養起來。人類最初豢養野獸的方法，據韋爾斯說，就是把所得到的野獸，完全驅入山谷中以圈守之，使野獸得不到吃的，到了野獸極飢餓的時候，才去餵養，這樣一來，野獸便易馴服了。人類若是到了飢餓的時候，就把這些馴服的野獸，隨便的取出來宰殺以供自己的食用。

後來人類由豢養野獸，馴服野獸的觀念，就把野獸所產生的兒子捉到來，或把正在孕育中的野獸捉到來，等待生產幼子，便把這幼子豢養起來，這幼子長成以後，比較豢養大的野獸，更爲馴順。在殷虛書契裏的豢字，是□，是用手把正在孕育中的猪捉來。這個豢字在其他的地方是□（藏龜之解第六葉）□（殷虛後編下第三十六葉）就是用手把正在孕育中的狗捉來，所以我們知道人類最早豢養的就是猪和狗，在猪和狗以外，又有馬。中國文字所用的驅字，是從馬，御字也有從馬的，如□就是以手驅馬之象。此外，還有象，中國文字御字還有從象的，如□从手从象，又如爲字，也是從象，如□（殷虛書契卷五第三十頁）□（同上）□（後編下第十葉）就是從手牽象。

畜牧事業的發生　人類最初豢養野獸，是自己用水草來餵養野獸。但是自己用水草來餵養野獸是一件很麻煩的事情，並且野獸多的時候，自己的力量就不能夠供給，因此，就有畜牧事業的發生。畜牧事業，就是人類把野獸趕到有水草的地方去畜牧。

但是水草在當時的地面上不一定到處都有，並且趕到牧場的野獸把這個地方的水草吃完以後，就要跑到那個地方去尋吃，因此人類就隨着他的畜羣，到處遊走，肚子餓了，就把牧放的獸殺了，把牠的肉吃了，把牠的血喝了。有時候遇到天氣寒冷，就把宰殺了的獸皮拿來穿。」

在當時畜養的野獸，以馬爲最多，據韋爾斯說：「在法國的梭路德 Solutre 曾發見畜牧時代人類所積之骨，其中除鹿骨、象骨、牛骨外，差不多就有十餘萬匹的馬骨，這種馬骨，據古生物學家考察，係一種鬃馬，身體矮小，隨草原移動，人亦隨其羣亦移」

【本章參考書】

德國米勒利爾著　社會進化史　陶孟和譯

莫耳甘著　古代社會　楊東蓴等譯

韋爾斯著　世界史綱　梁思成譯

第十一章　族團競爭和部落社會的成立

人類的繁衍和牧地的佔領　人類趕放畜羣，是要有好的牧場來牧放。所謂好的牧場，就是氣候溫和，水草豐足，這氣候溫和水草豐足的牧場，在地面上是有限的，於是人類就在趕放畜羣過程中，發生了牧地的佔領。牧地的佔領，原先不過是暫時的，就是每年到了雪融草長的時候，人們就把畜羣趕到牧場去牧放，誰先得到了牧場，誰就先佔有，他人是不能強奪的。

到了人類一天一天的繁衍，畜羣的數目，一天一天的加多，所有氣候溫和水草豐足的牧場，就不足用了。因此，對於牧地，就不能不實行分配的佔領。分配的佔領，就是有畜羣的人，都要能夠有相當的牧場，因此，就對於牧地實行永久的劃分，現在蒙古民族，對於牧地，還是照這樣辦法做的。

族團的競爭和族羣的成立　牧場實行永久的劃分以後，就成了固定的。後來人類和畜羣有了增加以後，對於這佔有的固定的牧場，是常常感到不滿足，因此，就有一種侵略事實的發生，就是用強暴的手段，把他人的牧場佔爲自己所有，或者就把自己的畜羣趕到他人的牧地去牧放。這種侵略事實發生以後，就有了劇烈的競爭，當時畜牧的人羣，都半是血族團體，這血族團體間有了劇烈的競爭以後，凡是人數少而力量小的就要失敗，失敗的小的血族團體，就往往投奔到大的血族團體，過自己附庸的遊牧生活。或者這失敗的小的血族團體彼此聯合起來，對於侵略的大的血族團體作聯合的反抗。

這些小的血族團體聯合以後，就彼此選舉領袖做自己本族的代表，有事的時候，就開各族團的領袖會議，以對付敵人。因此，這各族團的領袖會議，就成了對付敵人的總機關，但是這總機關在最初，不過在對付敵人的時候才設立的；如果敵人一旦消滅，這總機關便就立刻撤消。到了後來各族團的人口，日益衆多，各族團的事務，日益繁雜，關於和平的處理，公共幸福的謀求，就不能不靠各族團的領袖會議執行，因此，這領袖會議便就成了各族團間的對內的總機關。這對內的總機關一成立，各族團間的結合，就比較從前更親密。就是利害的關係，就更深刻。因爲利害的關係更深刻，所以在組成各族長會議的各族團間，就簡直成了一體了，這便是族羣的成立。這種族羣的成立，我們在莫耳甘研究的伊落葛同盟中的塞奈加族 Sencia 的形態，就可以看得出來。塞奈加族，就是一個族羣，在這族羣的下面有八個氏族，氏族就是我們所說的族團，就是由八個族團合組成塞奈加族這一個族羣。

人類在族羣的成立期間，保衛的工作，已有了相當的准備，就是各族羣都有了相當的武力了。所以各族團的競爭，就入於弛緩的狀態，因此，各族團就把從前對外的競爭的態度，改變爲對內的充實的態度了。對內的充實的態度，就是畜種的選擇和水草的培植。畜種的選擇，就是把優良的畜種留下以便容易牧養；水草的培植，就是對於草要使有生長的機會，對於水要培濬其泉源，使牠不易乾涸。所以這個時候，各個族團都有了自己固定的地域，競爭的機會就很少。各個族團有了自己固定的地域以後，在當時各族團爲謀內部的團結，也就有了自己相當的名稱。就像澳洲人對於他們各地的人羣，有叫做森林人的，有叫做山人的，有叫做湖邊人的，有叫做兩岸人的，這種種區別，就是表示各地有各地的人羣，彼此是不相混淆的。到了以後，人口漸漸的增加，這種含地方性質的名稱，就不夠用；於是人類又用動物或植物來命名，這用動物或植物來命名，就是社會史家所謂圖騰社會了。這種圖騰社會，我們是在莫爾甘研究的古代社會裏，是可以看得出來的。莫爾甘研究的古代社會裏，有 Chickassa 族，就是圖騰社會。這個 Chickassa 族裏面有豹族，豹的近族有山貓、鳥、魚、鹿幾個氏族。西班牙的近族有浣熊、鱷、狼、黑鳥等氏族。我們在中國歷史上看見的氏族的名稱，有五龍氏、大騩氏、豨韋氏、驪連氏、有熊氏，這都是以動物的名字來名自己氏族的。人類用動物的名字，來名自己的氏族，就是這個時候，人口增加的很多。

伊落葛同盟中的氏族的形態和部落社會的成立　在人口增加的過程中，人類的食物，又發生問題，因此，人類又要向外侵略；並且這個時候的侵略，比以前的範圍就擴大了，就是這個時候，人類有許多族羣的成立，這種族羣就成了這個時候侵略的單位。若是小的族羣，不能抵抗大的族羣的時候，這小的族羣就往往聯合起來，這便是部落社會的成立。這種情形，我們在中國歷史上，也是可以看得出來，中國歷史上有黃帝教熊、羆、貔、貅、貙、虎，以與炎帝戰於阪泉之野，就是黃帝聯合許多氏族共同去抗炎帝，所以黃帝就是那個時候部落社會的首領。這種部落社會，我們還可以由伊落葛同盟中的氏族的形態，可以看得出來的。伊落葛同盟之下，有許多族羣，在族羣之下，有許多族團。所以我們就知道族羣是由許多的族團組織成功的。而伊落葛的同盟，是由許多的族羣組織成功的，因此我們就知道伊落葛同盟就是一種部落的社會。這種部落的社會，在當時作戰的準備上，是有很完密的組織。就是各族團都有族團長 Sachem 在族團長以外，還有一種酋長 Chief，族團長是平時的首領，酋長是戰時的首領；這族團長、酋長，都是由族內公共選舉的。當時選舉的方式，族團內的男女，都是有選舉權的，都是參與選舉的。但是族團長、酋長在選出以後，若是不稱職的時候，也可以由族團內的男女，用罷免的方式去罷免。當時罷免的方式，是開全體族團會議，由全體族團會議通過，然後才去罷免。這族團會議，是由族團全體男女成員組織成功的。所以當時的族團會議，也是一種純粹德謨克拉西的會議。這種純粹德謨克拉西的會議，不僅可以選舉和罷免族團長、酋長，而且是全族團的最高機關，有處理其他一切的權力。

至於當時的族團長，是沒有絲毫的權力，當時的族團長，不過可以做本族對外的代表，在本族內是可以召集氏族會議。當時酋長看的是很重要的，在有了戰事選舉酋長的時候，族團內的男女成員，就在族內或族外，選擇一個精明強幹，好勇善戰的男子去充當，這個時候，族團內的男女成員，都是要絕對的服從。

這個酋長在族內是充當戰役的首領，在各族作戰聯盟會議席上，是充當本族的代表，所以各族作戰聯盟會議，就是族團聯合的最高機關，在各族團聯合對外作戰的時候，就以聯盟會議為總指揮部，這總指揮部的領袖，就是選擇各族團的戰役的首領充任之，叫做領袖酋長。但是這領袖酋長，在伊落葛同盟中，又做聯盟會議的代表，所以伊落葛同盟在作戰的時候，先由各聯盟會議的代表開一會議，決定方略，然後由各族團的戰役的首領，秉承各聯盟會議的指揮，分別的去作戰，這就是伊落葛同盟作戰的組織情形，有這樣完密的組織，對外作戰就很有力量，於是部落社會就完全確立。

部落社會完全確立以後，差不多就成了一個戰鬪的集團。就是時時含有戰鬪的性質，這種戰鬪的性質，就是時時準備侵略和時時準備防衛。在這種時時準備侵略和防衛之下，各部落就嚴定界限，以爲防衛和侵略的分野。在界限以內，就叫做防衛，逾越了界限，就叫做侵略。當時界限的劃分，就以部落的實際居住的地域和爲漁獵而設置的地域爲自己佔有的地域的邊界，在這地域的邊界上，就做防禦的工作，這種防禦的工作所在地，便就是部落的界限了。

【本章參考書】

莫爾甘著 楊東蓴等譯 古代社會

庫斯聶著 高素明譯 社會形式發展史

第十二章 農業的發明和氏族制度的變遷

男女生活的分工和農業的發明

庫斯聶說：「原始時代，婦女職業僅限於採集一項，當她們將採集的種子埋在地下，作爲儲蓄糧食的時候，漸漸的都發芽了，且能產生新的種子，於是婦女們就開始用掘土器耕種土地，這便是農業的發明。」韋爾斯說：「農業之起首，狩獵業尚占重要位置，其證跡歷歷可見，彼時之人，非自始即土著而務農也。其初不過拾野穀及草木之實，久之乃以爲正業。」由以上這兩種說法看來，就是農業的發明，是由於婦女的功居多。韋爾斯所謂拾野穀及草木之實，雖未明指是男人或女人，然就一般社會學家說，這拾野穀及草木之實，多半都是婦女擔任的。因爲在狩獵和畜牧的過渡時代，人類的生活，是一半畜牧，一半狩獵，狩獵多半是男人擔任，畜牧多半是女人擔任。就是當男人去打獵的時候，女人就把牛羊趕到牧地去牧放，在這牧放的當中，因爲牛羊在一邊裏去吃草，婦女就在一邊裏用好奇的心理去觀察和認識草類植物，肚子餓了，就隨便採取草類的實子來充飢。因此，就發明野穀是可以吃的，草木之實也是可以吃的。於是就常常在畜牧的時候，就採集野穀和草木之實以供食用。久而久之，便知道野穀和草木之實，也是可以種植的，因此人類就採取野穀及草木之實，在地下去耕種，這便是農業的發明。農業發明以後，人類生活就走向農業的階段。因爲人口一次一次增加，專靠打獵，是不足以供給人類生活的，白虎通上說：「古之人民，皆食禽獸肉，至於神農，人民衆多，禽獸不足，於是神農因天之時，分地之宜，制耒耜，教民農作。」易繫辭下傳說：「包犧氏沒，神農氏作，斲木爲耜，揉木爲耒，耒耨之利，以教天下。」就是打獵不能夠供給生活，農業就不能不起來代替了。

但是人類最先發明的是那一種農業呢？據我們考察所得，人類最先發明而去種植的，就是地下莖的植物，因爲地下莖的植物，是含有多的養料而且也是容易消化。所以人類當狩獵時代，在得不到野獸的時候，就掘取地下莖來充飢。後來把地下莖掘的多了，就埋在地下儲藏起來，等到次年，就發芽生長，因此人類就知道種植。後來就由種地下莖的經驗，才漸漸知道種植其他植物。在種地下莖的植物以外，人類最先種植的植物，就是大麥，其次就是稷和黍，再其次就是小麥。但是這種說法也不是一定的。又有人說：人類最先種植的是黍，其次是麥，其次是稷。總之，我們知道這些植物，都是人類最先種植的。但是這些植物，最適宜於人類生活的，要算是麥。麥的種植，據德康斗 Decondolle 氏所考定：麥之種，始生自亞洲西南部，爲人播種，遂遍於大地。當時人類對於種植的發明，是一部分一部分的。就是這個地方發明以後，然後才傳播到其他的地方，據說：埃及人所種之麥，也是從東南方得來的。

農業耕種的進步和氏族制度的變遷　在農業初次發明以後，人類耕種農業，據我們考察所得，是用木棍，就是拿木棍來耕地。但木棍是入土很淺，並且容易腐爛，而且耕地也很遲鈍。因此，人類就進一步製造石犁，用石犁來耕地。石犁是給木棍上縛以石片。但是石犁比較木棍稍有進步，可是耕地仍是有限的，而且石犁是容易被擊碎，所以用石犁耕地，要能夠耕種多的地面，仍是很難的。因此人類再進一步就用金屬來製造耕器。金屬製造的耕器有兩種：一、是銅犁，一、是鐵犁。因爲銅犁和鐵犁都是入土很深，都是很堅利，所以這銅犁和鐵犁發明以後，人類耕種的土地就加多了，就是以前所不能耕種的土地，這個時候，也都可以耕種了。

在可耕的土地加多以後，需要的人工就加多了，因此人類又利用牲畜的力量來耕種當時所用的牲畜，多是牛馬，牛馬的力量很大，所以耕種的田地就又加多，因此在這個時候人類的收穫，就很多，就能得到充足的食料。

人類因爲利用牲畜耕種田地，能夠得到很充足的食料，所以就要減去一部分耕種的人力，因此，婦女便不去耕種了。在這個時候，關於田地耕種的工作，就由男子單獨的去擔任。婦女就在家中專司縫衣烹飪，飼畜諸種工作。

婦女在家中專司縫衣，烹飪，飼畜諸種工作，都不是直接生產的工作，因此，女子的生活就要仰給於男子，而男子就居家庭的重要位置，家庭的生活，也都由男子去支配，因此，男子就有了家庭生活的支配權。男子有了家庭生活的支配權以後，於是家庭的子女，就以男子爲中心，因此，男子就成了家庭的主人翁了。男子成了家庭的主人翁以後，女子就退處於附屬的地位，因此，這個時候，女子就要出嫁於男子，從前的女性中心的家庭，一變就成了男性中心的家庭。

男性中心的家庭成立以後，子女就以宗父爲家族的祖先，以宗父爲家族的祖先，其宗派就是男性的祖先的子女，和男性祖先的子所生之子女以及男性祖先的子系子孫之子女，都是父系家族的宗派。這種宗派，就是男性的家系，這種家系是經過男性子孫而永遠的存續。至於男性祖先的女所生之子女，和男性祖先的女系子孫，則屬於其他的家族，就是各屬於彼等父方的家族。

【本章參考書】

庫斯磊著　社會形式發展史
高素明譯
威爾斯著　世界史綱
梁思成譯
沙爾費勤克著　家族進化論
許楚生譯

第十三章　村落社會的成立和政治生活的雛形

人類的搶奪和村居的開始　庫斯磊說：「古代人類把自己五穀收穫以後，便去搶人」又說：「這個部落的人，把自己莊稼收穫以後，就到別的部落去搶掠。」所以我們知道這個時候，人類的搶奪，是常常發生的，而且也視為是很當然的。日本法學博士有賀長雄研究族制進化論，他說：「野蠻民族是崇尚腕力的，誰的腕力愈大，誰就受人崇拜。他們表示腕力的方法，就是人頭和婦女。他們能夠得到多的人頭，就表示他們的腕力大；能夠掠奪多的婦女也就表示他們的腕力大就受人崇拜」由此看來，野蠻民族把搶奪這件事就爲他們表示勇武的方法。所以他們把這搶奪就不以爲怪了，而且誰能搶奪得多的東西，誰就受人崇拜。

但是我們知道搶奪是一種角力的行爲，就是力量大的人，是可以搶得東西的；力量小的人，不但是不能夠搶得東西，而且往往被人打傷或殺害。由這種經驗，他們在去搶掠的時候，就糾合許多的人，這許多的人往往就可以搶得許多的東西。但是被搶掠的人，爲防備搶掠起見，也要把許多人集合在一塊兒居住；這便是村居的開始。

有賀長雄說：「人類村居的開始，完全是聯合家族的形式」所謂聯合家族的形式，就是由一個家族，分析爲幾個家族，這幾個家族，仍聯合的住在一塊兒。這種說法，固然是有相當的理由。可是就我們的觀察，村居的開始，是由集合多數的家族而來的，這種證據在中國現在鄉村裏還是可以到處找見的。就是現在中國鄉村，每一個村落，往往是有幾個姓氏的人們在一塊兒居住，這幾個姓氏，就是原始的幾個家族。

這幾個家族爲什麼要在一塊兒居住，就是要防備別人的搶掠。因此，這幾個家族住在一塊兒以後，就聯合起來，選舉一個首長，這個首長便是這個村居防衛的領導者，遇有敵人來搶掠的時候，就由這首長領導村居的羣衆去防衛，所以這個時候村居的人們，就比較的安全。他們不但在遇敵人來搶掠的時候去防衛，還要在平時做防衛的設備。他們在平時所做的防衛的設備，就是在村居的周圍築垣掘壕。我們看現在村落防衛的設備，還是這樣着。

土地分配的方法和各家族的合作制度　農業的耕種發生以後，土地分配，就成了問題：

班古羅夫氏說：「亞多人其國內之物悉歸各部族專有但絕不見有一私人自稱爲土地主者。卽各家屋亦歸建築諸人之共有」又說：「衣羅可亞人以地方爲全人民之所公有，一個人不許獨擅領有之權但人能以自己之力開墾無占領者之地，可自由爲之。」

孟佃氏說：「古代羅馬人，多是數姓共有一土地，同耕共作，及收穫，則以分之於所屬之數家。」

斯塔布說：「歐洲古代有「馬兒克」一語，所謂「馬兒克」者，是指一家族及一親類之領有地。屬於其家族及親類之男子，能享用其界內林木、牧場、草場、田畝。但其享有之權，不過是暫時占有之權，每年收穫之後，仍歸之全族。」

現今歐洲的山村僻地，尙多守「馬兒克」的制度，（卽分界之制度）如瑞士國中，到現在守這種制度的還很多。現在亞爾布山中的村邑，還有「亞兒門」之地，這「亞兒門」之地，就是「馬兒克」的遺制，林哈爾底的山村，現在還行親族共有土地的制度。

就以上種種看來，我們就知道古代的土地，就大範圍來說：是部族的共有地，就小範圍來說：是家族的共有地，就人羣演進的情形說，也可以說，原先是家族共有地，後來因爲家族人口的繁衍而成部族，就成了部族的共有地，所以這土地，到底是共有的。但是這共有的土地，在那個時候，是怎樣的耕種方法呢？據社會進化史家說，在耕種的時候，才實行分配。當時分配土地的方法，據說，每個村落，有一個長老會議，長老會議，就是分配土地的總機關。長老會議每到分配土地的時候，就召集各家族的代表來抽籤，誰家抽得那一份，便拿那一份去耕作，這樣的方法，是很公平的，是很能使各方面滿意的。

在日耳曼古代史上說：「日耳曼人，其田地以順次輪有，又別有官吏掌土地班分之事。」美因斯的古代法律上說：「俄羅斯之某地，每一期之終，各人分有土地之權，悉皆消滅，仍以之歸於全村族共有，乃再計各家之人口多少以爲比例，復分與之。」我們中國也曾有班田之制，如古代的井田，就是很好的分田方法。

在當時長老會議，不但是有分配土地的權，而且有監督耕種的權，監督的方法，就是耕種的時候，耕種的種子和方法，也都由長老會議去決定，就是都以同樣的種子和同樣的方法，耕種自己那份土地。這種監督的方法，在十八世紀的英格蘭的集產村落，還是盛行的。據馬沙爾 Marshall 說：「十八世紀英格蘭的集產村落，就是一個家族，不得隨意耕種自己那份土地……應以同樣的種子和同樣的方法，與全村落其餘各家同樣的播在自己的田畝上。」

長老會議，不但是要決定耕種的種子和方法，而且還要決定播種和收獲的時日。長老會議決定播種和收獲的時日，都是按照星師的指示來決定。在這個時候，差不多每個村落，都有一個星師，這種星師，是專門擔任指示播種的時日據英國剛培爾 Sir G. Campbell 說：「現在印度每個村落，還有這種星師。」這種星師，是每一個村落共有的，所以我們就可以看出在當時村落的家族，還是一種合作的家族，就是各個家族對於耕種的工作，是彼此有互助的義務，彼此有共通一致的關係。

在當時各家族，對於土地的使用。就是在每年耕種的時候，就將氏族共有的土地，分配一次，每家各耕一份，各得一份收獲。年年如此。各家族今年所耕的不一定就是去年所耕的。因為耕地是年年換的，所以也叫做換耕制。這種換耕的制度，在現在的俄羅斯還是可以發現的。俄羅斯的鄉村，現行的有一種「密爾制」Mil 就是家族換耕制，土地雖為一個種族所共有，而按期均分於各家族去耕作。各家族在一定的期限，得專有這塊地土的收益，這樣的期限，初為一年，繼為數年，期滿則再行分配。日爾曼民族的馬爾克 Mark 制，也是一種家族換耕制，土地為村落全體所共有，各家族皆有平等使用收益之權。

因為各家族都有平等使用收益之權，所以當時人類的生活，都是平等的，都是沒有貧富的差別的。

村落各種事業的發生和政治生活的雛形　村落中的居民因為有田可耕，所以在耕種的過程中各種的需要就發生了。當時需要的第一，就是造車匠，因為車對於耕種，是極有關係的，就是收獲的穀物，是要用車去載，施肥的糞料，也要用車去載，因此，每一個村落只少是有一個造車匠，這個造車匠，是全村落的公人，就是他的業務，是供全村落人用的，所以他就成了全村落的公眾的服務人員，因此，他的生活，就要用全村落的公費去維持。

其次需要的，就是織匠和裁縫匠，這織匠和裁縫匠，是與耕種人的生活有關係的，就是耕種人，是不能不穿衣服的。因爲耕種人是要穿衣服，所以這織匠和裁縫匠，就成了很需要的。但是這織匠和裁縫匠的業務，也是供給全村落人用的，所以這織匠和裁縫匠也就成了全村落的公衆的服務人員。因此，他的生活也是要受全村落的公費去維持。

又其次，就是洗衣者和挑水者。當時的人是不知道鑿井，所以他們住居的旁邊，常常是有泉源和水流。因爲他們住居的旁邊，常常是有泉源和水流，所以他們的用水就是要到泉源和流水的地方去汲引，因此，這挑水的人，就成了很需要的。挑水以外，就是洗衣，因爲當時汲水，是不容易的，所以洗衣就成了專門事業。洗衣成了專門事業以後，這洗衣的人也就成了很需要的因此，這兩種人——就是洗衣者和挑水者——的業務，也是供給全村落人用的，所以這兩種人也就成了全村落公衆的服務人員了。這兩種人成了全村落公衆的服務人員以後，他們的生活也是要受全村落的公費去維持。

又其次，就是在沙子上畫字的教書先生，和給每個家族登記種源與苗裔修譜先生。這兩種人在當時也是很需要的，就是教書的先生是以事物的意象教給人類的。當時因爲沒有紙的發明和竹簡的製造，所以教書的先生就在沙子上畫字去教人，這時所教給於人類的知識，就是簡單的事物的認識和簡單的記算法。這簡單的事物的認識和簡單的記算法，在當時也是很需要的，所以這教書的先生，在當時也就成了離不了的。教書的先生以外，就是修譜的先生，當時的人，對於自己的家譜，看的是很重要，這對於家譜看的很重要的原因，就是對於自己的血統是不肯糢糊的。這對於自己的血統不肯糢糊的原因，我們可以有兩種解釋：一種解釋，就是人類有愛親的本能，人類因爲有愛親的本能，所以對於自己的父母和祖先，就有深刻認識的必要，這深刻的認識，便是家譜成立的由來。人類不但對於自己的父母和祖先，因爲愛親的本能作用，有一種沒世不忘的記載，就是對於自己的兄弟姊妹及子孫輩，也因爲愛親的本能作用，也要有一種永久的記載，這種記載，也是家譜成立的一個原因。還有一種解釋，就是人類在雜婚亂婚以後，對於同姓的結婚，是非常禁止，人類因爲要明瞭自己血統的關係，也有成立家譜的必要。這兩種解釋，依我們看來，還是以後者爲最有理由。所以當時人類爲需要家譜，因而這修譜的先生，就成了很需要的。這修譜先生和教書先生，因爲都是全村落很需要的人，所以他們的業務，也就是供給全村落人用的，因而他們也就成了全村落的公務人員了；他們成了全村落的公衆的服務人員以後，他們的生活，也是要受全村落的公費去維持。

又其次，就是預言播種和收穫時日的占星師；給全村居民看守畜羣的牧人；掌理宗教的婆羅門僧侶；以及爲各宗教祭祀跳舞用的舞女。這些人員，也是全村落的公衆的服務人員，也都用公費去維持其生活。

以上這些人員，都是要大家供給其生活的，因爲要大家供給其生活，所以村落的各種事業，就容易發達。但是這些事業發達以後，由這些事業而引起的糾紛，就往往很多，於是全村落的人爲解決這些糾紛和謀公共利益起見，就組織公社，這種公社原先是一個村落組織的，後來因事實上的需要，就把幾個村落合在一起，組織成一個較大的鄉村公社，這種情形在中國現在的鄉村裏還是可以看見。據社會進化史家說：當時鄉村公社的組織，有行政機關和裁判法庭，行政機關，有村長，鄉村大會，鄉村議會。裁判法庭，只有一個，無論何人犯了罪，都得要向裁判法庭去受審。這種鄉村公社的行政機關和裁判法庭，就是人類政治生活的雛形。

【本章參考書】

庫斯聶著　高素明譯　社會形式發展史

蔡和森著　社會進化史

有長賀雄著　族制進化論

第十四章　人類娛樂興趣的發生和藝術的創造

人類生活的安定和娛樂興趣的發生　人類生活，到了鄉村公社成立以後，便大大的安定了，就是從前在漁獵時代，是遷徙的，畜牧時代，是遊走的，半畜牧半農業時代，還是住居無定的。到了鄉村公社成立以後，農業發達，人口增加，社會繁榮，於是人類就再不遷徙了。人類不遷徙以後，人類生活體系的各方面，也都依次有所發展了，住的方面，就由茅屋草舍漸進而爲高樓大廈；衣的方面，就由樹葉獸皮，漸進而爲夏葛冬裘；食的方面，就由薰烤抓撕，漸進而爲煮調烹饗，所以人類生活，在這個時候，就比較安舒的多了。

人類生活比較安舒以後，就有娛樂興趣的發生。人類最初的娛樂，便是謳呼，謳呼是沒有一定的長短，沒有一定的音節，不過在飽食以後，就隨便的吶喊，這種吶喊，直至興盡而後止。

人類娛樂的謳呼的再進步，便就成了唱歌了。唱歌的發生，不過是人類謳呼的改良，就是人類謳呼的次數多了，便感覺到沒有意味了，於是在謳呼的當中，便加以有節奏的音節，便就成了唱歌。唱歌在人類的娛樂中，日子久了，也是不能滿足人類的需要，於是人類就在唱歌以外，便有音樂的發明。音樂的發明，就是人類在精神愉快的時候，便拿弓弦去試彈，因之，就有弦樂器的發明。弦樂器發明以後，人類娛樂的興趣，就更進一步了。這個時候，人類又利用其他經驗以製造鼓，就是人類伐樹木的時候，往往遇到樹木的空幹，就把這樹木的空幹，置在屋的旁邊，當飽食嬉戲的時候，就把獸皮蒙在這樹木的空幹上，用小木棒擊之，便發生有聲，因此，人類就利用獸皮和樹木的空幹以製造鼓。

人類娛樂的興趣除唱歌、製造弦樂器和鼓以外，又有跳舞的發明。跳舞的發明，是在唱歌或奏弦樂鼓樂的時候，就感到一種極優美的愉快，在這極優美的愉快當中，就不知手之舞之足之蹈之，這便是跳舞的起源。中國書上，也曾有投足而歌八闋的話，就是表示人當高興而愉快的時候，是一面唱歌，一面跳舞的。在狩獵時代，人類最高興的時候，就是獵得了野獸。因爲人類費了很大的氣力，忽然獵得一個野獸，於是人類就站在獵得野獸的旁邊，不知不覺的表示一種很高興的態度。這種態度，就是一面向野獸吟唱，一面和野獸玩耍。這玩耍的態度，便是跳舞的發端。這種情形，我們在現在落後的野蠻民族中還是可以看得出來的。我們看現在落後的野蠻民族，常常有一種模倣的跳舞，這模倣的跳舞就是把一部分人當作野獸，把一部人當作獵人，中國的投足而歌八闋，或者就是一種模倣的跳舞，也未可知。總之，最早的人類，跳舞的發端是在獵得野獸以後。到了有了弦樂器和鼓樂器以後，這種跳舞，便成了人類正式的娛樂。所以人類每當精神愉快的時候，便就跳舞。

藝術的創造　人類娛樂興趣的再進步，便是藝術的創造，藝術創造的初步，就是圖畫。人類最初繪畫的觀念，就是畫手，而且繪畫的工具也是用手。庫斯聶說：「澳洲土人畫手的方法，就是在一塊平滑的岩石上，塗之以油或水，然後再將手貼在上面，最後塗以有色的乾粉，於是乾粉就落在岩石上，不落在人的手上，待水或油乾了之後，就能現出手的形狀。」在這種畫手稍有了經驗以後，就對於自然界加以摹倣。我們看人類最初對於自然界的摹倣就是鹿、野馬、獅子、大象、野牛、犀牛等。這鹿、野馬、獅子、大象、野牛、犀牛等的繪畫，是常在古代的人類住居的洞穴中發見。在古代人類住居的洞穴中發見鹿、野馬、獅子、大象、野牛、犀牛、等的繪畫，也有很好的，也有很有生氣的，於是這些畫就成了後代寫生畫的初步。

人類在繪畫以外，就是彫刻。當時人類對於彫刻，也是有相當的發明。但是這彫刻究竟是先於繪畫而發生的呢？還是後於繪畫而發生的呢？有人說：繪畫觀念的進展，便有了彫刻的發明，就是人類對於繪畫，是用手或羽毛的，由用手或羽毛的方法，進而用刀子去刻，便就成了彫刻了。有人說：彫刻是由製造箭鏃而來的，就是人類在製造箭鏃的時候，就往往用一種彫刻的手段，由這製造箭鏃彫刻的手段，就進而在箭鏃上是常常刻有花紋或鳥獸之紋，這在箭鏃上所刻的花紋或鳥獸之紋，便是繪畫的發端，這兩種說法，都是有相當的理由。但是我們知道彫刻在古代是很盛行的，古代人類彫刻最多的，就是常在象牙、鹿角、和背上刻畫鳥獸之紋。這種彫刻，也常常是在古代人類住居的洞穴中發見的。這種洞穴，尤以法蘭西爲最多。在法蘭西的洞穴中發見的彫刻，多半是動物的，人形的彫刻，是很少的。而且人形的彫刻還不如動物的活潑生動。

【本章參考書】

庫斯聶著　高素明譯　社會形式發展史
韋爾斯著　梁思成譯　世界史綱

第十五章　人類祈禱心理的發生和宗教的成立

人類祈禱的心理作用和對於神的觀念的產生　人類在最早的時候，醫藥是未曾發明，疾病的治療也是根本不知道。因此，在當時發生了疾病，使有一種祈求的心理。這祈求的心理的表現，就是呼自己的父母，就是知道自己的父母是能夠絕對的幫助自己，幫助自己解決自己的病患問題。但是父母只能夠安慰自己，也不能夠幫助自己，解決自己的病患問題，於是便又呼天。呼天的心理，就是轉念病的來源，不是自己身體就可以發生病患，相信另外有一種力量，一種作用，是可以使身體發生病患的，於是就相信天是有這種力量，這種作用的，於是就祈求天來幫助自己，解決自己的病患問題。在這呼天的當中，於是又轉念天神之所以給人生病的原因，必然的是得罪於天神，因此，就發生禱告的心理，這禱告的心理，就是一方面對於自己的罪過，加以懺悔；一方面對於神的譴罰，求其饒恕，這樣一來，對於神就有了濃厚的觀念。

人類對於神的觀念，最初是很廣泛的，就是以爲風也有神，雨也有神，雷也有神，電也有神，以及自然界的一切事物，都是認爲有神；甚至對於奇物異獸的幻想，噩夢，都以爲是有神；由這種汎神的觀念，就產生出一個神的世界。並且認定神的世界和人的世界是一樣的。而且人的世界，是受神的世界的支配；就是認定人的一事一物，都是由神的監督和管理。所以全家炊飯的灶，就以爲有灶神，灶神是監督和管理灶的事務。

在灶神以外，還以爲有家神，人類對於家神的觀念有兩種：一種就是以爲家神是一家的保護神，一家人的平安幸福，都是由家神去保護。一種就以爲家神是搗亂的神，如果得罪了他，他便就搗起亂來。他搗亂的方法，就是使一家人和牲畜都不能夠安然。

在家神以外，汲水的井，就以為有井神，出入門戶，就以為有門戶神，飼養牛馬，就以為有牛馬神，儲藏穀物，就以為有倉庫神，甚至便溺的廁所，也以為有廁神。

當時人類對於神的形態觀念，也是沒有一定的。就像可米人的家神，其外形是一個長髮老年人，他的形體，是人目力所不能見。阿雪廷的家神，是沒有固定的模樣，有時變為小孩，有時就變為老年婦人或老年男人。在我們中國人的觀念中，也以為神是能變許多的形像，能變人，也能變蛇，還能變其他的異獸，所以中國人遇到異獸和蛇的時候，也以為往往是神。

長老的崇拜和祀祖的來源　人類最初對於長老，是很崇拜的，長老在當時人類中，是有很大的威嚴。韋爾斯說：「幼年人生長於長老恐懼之下，長老所用器皆係禁物，其所用之矛，則不敢觸之，其所坐之位，則勿許踐之。」至於長老為什麼有這樣大的威嚴，我們是無從知道的。但是就一般常理來推測，就是人類當幼小的時候，一切生活都要靠長老的維持和領導，因此在生活的過程中，長老就成了惟一的領導者和支配者，其地位就非常之尊嚴。一般幼年人對於長老的能力和經驗，就有了神秘的觀念，因此對於長老，就有了敬畏的心理，而長老的威嚴，就從此很大了。甚至長老死了，對於長老的印像還在自己腦袋裏縈繞，彷彿如生時一般。韋爾斯說：「當時人類，長老雖死，尚受敬懼……長老死後多年，至除墳墓而外，一無所遺之時，婦人尚時告其子女以長老之威靈。」這樣一來，在他們腦筋裏的印像，就成了長老的靈魂了。他們認這靈魂，是與生人沒有分別，於是子女就把這靈魂供俸起來，朝夕崇祀，這便是崇祀長老的發生。

這種崇祀的心理他們還以爲長老是和生前一樣，仍可以照常扶持自己，領導自己，因此，長老的靈魂，就成了家庭的保護神了。凡是關於家庭的禍福災害，都由這保護神去保護。庫斯磊也曾說：「當人被週圍的幻想所征服的時候，人類便奉自己近親的死者之靈魂，爲反抗惡神的保護者，此時祖先的靈魂，變成了後裔子孫的保護神。」所以人類在這個時候，認爲死者有靈魂，這是不待說的。因爲有靈魂的關係，所以就希望死者，仍然是拿生前保護自己的精神作死後的保護，這便是祀祖的來源。

人類自有了祀祖的觀念以後，便對於死者舉行死後崇祀的儀節，這崇祀的儀節，最隆重的，就是葬埋的儀節。韋爾斯說：「內安得塔爾人舉行營葬的時候，必殉以食物與兵器。」在中國古代社會，也有用人殉葬的。所以我們知道安葬的儀節，是比無論何種儀節都很隆重。

在安葬以後，若是子孫願與祖先的靈魂談話，就得舉行召魂的儀節。庫斯磊說：「科里多人，在召魂的時候，就用一種特殊的椅墊子，以召引祖先的靈魂，如果死者的親屬要和靈魂談話，卽將椅墊子放在長椅上，再用各種魔術的方法，使祖先的靈魂坐在椅墊上，就可以和祖先的靈魂談話。」

此外，就是祭祀。祭祀的儀節，就是貢獻食物。阿雪廷人當丈夫或妻子死後一年間，每星期五的晚上，日落後，必到死者的坟墓拜謁一次，每次還帶許多食物及燒酒。如果在一年的過程中發生了死人的事件，那末在新年的頭一個星期，必須烘烤足以供給一個人能夠維持一月的麵包，用來祭祀死者。在這種祭祀死者的當中，就用兩根棒子及死人的衣服作成一個假人，置於火爐的旁邊。在死人的面前準備着粥和一瓶酒，隨後家人都離開自己的住宅，讓死者安靜的享用。

此外，還有其他的民族，祭祀死者，也是值得注意的。就是將死者的屍身，完全埋葬以後，便用樹木和蘆草及其他適用的原料作成一種人的形狀以代替死者的屍首。他們以爲這種偶像，就可以吸引死者的靈魂，把死者的靈魂，就可以附屬在新作成的假人上面。但是他們也認定死者的靈魂，並不是經常附屬在偶像的身上，乃是生活於另一個世界，不過有時候也到人爲的偶像中來就是了。在來的時候，還要用許多的魔術的方法，誘惑靈魂。但是這魔術的方法，是不能持久的，經過了不多日的時間，死者的靈魂，就仍然離開偶像。若是再次祭祀的時候，或者生人渴望死者的時候，他們就又用魔術的方法去誘惑靈魂，使之復來，這種過程，都是祭祀死者一定的手續，這種手續做不到，死者便不能來享受。

宗教行爲的成立　人類對於神發生祈禱的心理以後，於是便把神朝夕奉祀起來，作個人或家庭的保護。因此，就有聰明出衆的人，利用人們這種心理，便犧牲自己，獻身侍神，因此，就有僧侶和巫覡出現了。

這些僧侶和巫覡犧牲自己，獻身侍神，於是一般人就認爲是具有神性的。而且當時人類因爲傳染病的發生，就有洗滌邪惡之事，這洗滌邪惡之事，就請這僧侶和巫覡去擔任。

這些僧侶和巫覡爲維持自己在人羣中的信仰起見，就對於神更加以有作用的宣傳。他們宣傳的方法，就是說：神是怎樣顯赫的，神是怎樣靈應的，他們能夠怎樣的曉得神的事情，神對於人羣是怎樣的關係，這都是他們要宣傳的。宣傳的作用？就是爲要維持他們在神面前的地位的重要，就是要人對於神更加以堅決的有力的信仰。人們對於神更有了堅決的有力的信仰以後，於是他們爲永久的使羣衆帖服，爲永久的使羣衆的信仰堅固，就更假神的意志，對於人羣常常加以有規律的教訓。而人們因爲對於神有堅決的信仰，於是對於他們這種有規律的教訓，也不敢違背，甚至還非常的寶貴，這便是宗教行爲的成立了。

人類的宗教行爲成立以後，人類的精神就得到統一了，就是人類的思想，都以神爲依歸了。因此，凡人類遇到不能夠解釋的事物，就都以神的道理去解釋。當時所謂神的道理，就是以爲萬事萬物都是有靈的，所以遇見不能解釋的事物，就用萬物有靈說去解釋。這萬物有靈說就是後來宗教家的所謂靈魂論，是一種超自然的學說，這超自然的學說，就是神的學說，所以這個時候，人類的思想，就以神爲中心了。

【本章參考書】

韋爾斯著　梁思成譯　世界史綱
庫斯聶著　高素明譯　社會形式發展史

第十六章　各種職業底發達

作坊制度的興起和生產效率的增加　人類自有了製造工具的能力以後，起初都是由自己親自去造作，就是在漁獵或畜牧有閒暇的時候，就拿各種的材料去造各種應用的工具。到了以後，需要的工具繁多，於是就要專門的人去製造，因此，就有作坊制度的發生。作坊制度，就是有一個匠師、學徒和店東，而店東往往是匠師兼任。在作坊制度之下，生產的效率就增加了。就是從前的生產，是個人單獨的生產，自作坊制度發生以後，就成了合作的生產了。從前的生產，不單是個人單獨的生產，而且是個人單獨的附屬的生產，到了作坊制度發生以後，就成了合作的獨立的生產。比如編造籃簍，在從前編造籃簍的時候，完全是由個人單獨去編造，就是關於編造籃簍的過程，都是由一個人去擔任，剖竹要去擔任，撚麻要去擔任，甚至整理和佈置也都要去擔任。不但這一切的工作，都由個人單獨的去擔任，並且這一切的工作還在個人從事於漁獵或畜牧有功夫以後，才去擔任。

在作坊制度發生以後，匠師就專門去擔任編造的工作，學徒就完全擔任剖竹，撚麻，整理和佈置的工作，所以生產的效率，就大爲增加。

人類交易的發生和各種職業的發達　在各種的生產，需要專門製造以後，於是就要舉行交換。社會史家說，人類最初交換的方法，是換工。就是農人需要鐵器的時候，就由鐵匠去爲農人製造鐵器，同時鐵匠需要種田的時候，就由農人去爲鐵匠種田。但是換工的交易，有兩種困難的地方，第一就是在本村落是可以實行的，在遠的村落，就不容易實行了。第二就是雙方都要有需要，若是有一方不需要，這換工的交易，也就不容易實行了。因此，就又有換物交易的發生。換物的交易，就是拿自己製造成功的物品，去換別人製造成功的物品。換物交易的方法，就是日中爲市，以其所有，易其所無。

在換物的交易發生以後，人類就可以隨意交換自己所需要的物品，於是各種職業的製造就都發達了，就是在這個時候人類交換的機會加多了，人類交換的機會加多，各種職業的製造，就特別的努力。

【本章參考書】

庫斯聶著 高素明譯 社會形式發展史

韋爾斯著 梁思成譯 世界史綱

第十七章 貨幣的使用和商業制度的成立

物物交易的困難和貨幣的使用 換物的交易，是要把自己製造成功的物品，帶到市場去換他人製造成功的物品。但是物品是很笨重的，要把這很笨重的物品帶到遠的地方，是不容易的，而且物品的質量不同，也是不容易交易。所以農人要把自己的五穀帶到市場去易牛，不但是五穀是很笨重的，而且因爲質量不同，也是不容易交易。就是持牛者欲換布而不換穀，或因自己所帶的穀少而持牛者要換的多，因此，就不容易交易。有時持牛者欲換穀，同時還要換布，更不容易交易了。因爲換物交易，有這種種困難，於是就不能不使用貨幣了。

人類最初的貨幣，是用牛，因爲牛是能行走的，是比較便利的，荷馬說：「狄阿米德的鎧甲僅值牛九頭，格羅卡斯的鎧甲卻值牛一百頭。」其次是用鹽，因爲鹽是人人都需要的，也是比較輕便的。阿比西尼亞人至今還有以鹽做商業交換的貨幣。在印度沿海某地，以貝殼做商業交換的貨幣，威基尼亞人以煙草做交換的貨幣，紐芬蘭人以乾魚丁做交換的貨幣，西印度人以砂糖做交換的貨幣，因爲砂糖、乾魚丁、煙草，都是一種特殊的物品，都是比較輕便的，印度沿海人以貝殼做交換的貨幣，也是因爲貝殼比較其他物品，覺得方便。後來人類又發明用金屬的鉛鐵做貨幣，因爲金屬的鉛鐵，在當時是比較容易得到的。

後來，人類又發明用貴金屬的金銀做貨幣，用金銀做貨幣有兩種長處：一種就是金銀具有很好的耐久力，不容易磨損。一種就是金銀還可以任意分割，分割了以後，也不至受絲毫的損失，還能鎔成原形。而且金銀的產量是很少的，金銀的質料是很貴重的，於是用金銀做貨幣，就能夠交換多量的物品，而且攜帶很少的金銀，就可以到很遠的地方去交易。

交易範圍的擴大和商業制度的成立　人類帶物品到遠方去交易，往往把所帶的物品，一時不能消售淨盡，於是就賃房屋，住居在新市場，把貨物屯積起來，慢慢地求交易，這便是棧房的開始。但是在棧房裏把貨物屯積起來，慢慢地求交易也是製造業者所不願意的因爲製造業者在外邊等候的久了，對於自己的製造業，也是有妨害的，因此，就有商人的出現。

商人最初多是一種行商，他們把貨物帶到遠的地方去交易，也是不能久停的，因爲停留的天數多了，在他們的營業上，也是不合算的，因此，就有一種坐商出現。坐商就是向行商把貨物購買到來，屯積在市場上，等候交易，有了坐商以後，人類生活需要什麼物品，就可以隨時去購買什麼物品。

但是商業的基礎，是站在兩方面的，一方面是站在人類生活的需要上，一方面是站在生產事業的發達上，就是沒有人類生活的需要，商業的基礎，是不能穩定的，生產事業不能夠發達，商業的基礎也是不能夠穩定，所以商業就是生產和需要中間的一種過渡行爲。

【本章參考書】

蔡和森著　社會進化史
庫斯聶著　高素明譯　社會形式發展史

第十八章　文字底創造和曆算底發明

人類傳達意思的要求和語言文字的發生　人類生活到了商業行為成立以後，最需要的就是彼此意思的傳達。人類最初彼此傳達意思的方法，是用姿勢，就像今日的啞子一樣。韋爾斯說：「觀古石器人之美術，吾人知其動作與姿勢有靈敏之感覺，因此有人謂其意見之交換多賴姿勢。」後來人類傳達意思又有語言的發生。語言的起源，據韋爾斯說：「大率因驚恐感觸而喊叫，或就實物而取以名，或因物聲以效之。」又說：「古石器人有馬字或熊字，彼必以音之高下與姿勢，以表明「熊來」「熊去」「熊被人獵」「死熊」「熊在此」「熊作此」等等。就是在打獵的時候，忽然遇見熊來，有人因感情的激動而發出來一種熊的聲音，大家因為注意的結果，便深刻的印在腦筋裏，以後「熊來的時候大家因為潛意識的活動，就又喊出來「熊」的聲音，由此便成了熊的命名了。其他野獸的命名，也多半是由這樣來的。

此外，還有用野獸自己的聲音為野獸命名。就是在打獵的時候，聽見野獸叫喚的聲音，因之就按聲去追逐，往往就把野獸獲得了，同時，在腦筋裏也有了深刻的印像。第二次再遇到這野獸，就把這野獸從前叫喚的聲音，為牠命名。由這命名觀念的發展，漸漸地就把自己所習見的實在物體，都起一個名字。

到了勞動技術發達，勞動的器具和材料，實有特別命名的必要，因此，器物的名稱，就繁多了，不但器物的名稱繁多，而且當多數的勞動者在一塊兒勞動的時候，關於工作的分配及勞動的指導，須要求一種明確的語言這個時候語言的使用，就漸漸地複雜了。

但是當時造成語言的用字，並不甚多，據韋爾斯說：「近世語言，字以千計，古時之言語，則僅數百字而已。」波達諾夫說：「古時的語數不過數十或數百，至多也不過數千」。

文字底創造　在商業行爲成立以後，人類傳達意思，不但要有複雜的語言，而且關於物品的交換，又有一種紀錄的必要。人類最初紀錄的方法，就是結繩，就是要紀錄交換的物品，就拿結繩來表示。所以當時交換大的物品，就結大繩，交換小的物品，就結小繩。而且物品的數目，也用結繩來表示。就是交換一個物品，就結一次繩，交換幾個物品，就結幾次繩。這用結繩做紀錄的方法，在現在未開化的民族，還是依然存在着，就像美洲的祕魯，亞洲的琉球，至今還有結繩的風俗。嚴如熤苗疆風俗考也說：「我們中國的苗民，還有結繩的風俗。」但是這結繩的方法，是很難象徵事物的，因此，後來又有用圖畫做紀錄的方法，用圖畫做紀錄，就是要紀錄某種物品，就繪某種圖畫，如在交換物品的時候，交換的物品是牛，就繪牛的圖畫做紀錄。這用圖畫做紀錄，就是創造文字的先聲。波達諾夫說：「文字的創造，開始於圖畫。其間又有種種的過渡形態，繪畫可用爲報告或記述事實的手段。」韋爾斯說：「圖畫旋又應用於紀錄，用於符號，或以之作畫」James Henry Breasted 說：「在現在印第安人種，關於紀述英雄的戰績，就用圖畫來表示。在古代尼羅河的居民，向他們酋長納稅，如果無力完納的時候，也用圖畫來表示他們的意思。」

我們再看文字最初的形態，都是象形的，就是英文的拼音字母，在最初也是象形的。英文的拼音字母最初的形態，是牛、驢、魚、鳥類、穀類等。就是在畜牧時代交換的物品有牛、驢、魚、鳥類、穀類等物，所以就有牛、驢、魚、鳥類、穀類等物的圖畫的紀錄，這種圖畫的紀錄，就成了後來英文字的字母。

中國文字最初的形態，也是象形的。易繫辭傳說：「古者包犧氏之王天下也，仰則觀象於天，俯則觀法於地，觀鳥獸之文與地之宜，近取諸身，遠取諸物，於是始作八卦，以通神明之德，以類萬物之情，」這伏羲畫卦，就是中國象形文字的先聲，我們看伏羲畫卦，最重要的是方位的表示，因為在畜牧時代人類隨着畜羣到處遊走，對於四方的方位，有認識的必要，這認識方位，就是伏羲畫卦的用意。許氏說文說：「黃帝之史倉頡，見鳥獸蹏迒之迹，知分理之可相別異也，初造書契」就是到了農業時代，交換的事物特別加多，倉頡就把當時人類所用的圖畫的紀錄，加以整理，便成了後來有系統的文字。

自有文字以後，文字最初的應用，就是商業的記帳，私人的通信，公家的命令，會議的紀錄。在古代記載中發見的，有藥方、符錄、帳簿、信札、名單、遊記等，後來人類生活的方法和經驗的傳授，以及思想家對於人類生活意見的發表，宇宙問題的解答，宗教家對於聖經的宣示，都以文字為惟一的利器。因此，人類的知識，藉文字的功用，一天就比一天增高，人類生活的方法，一天也比一天進步。韋爾斯說：「自有文字以後，人類思想之作用漸巨、百人之思，百地之才，可互相感應，其進行程序，漸成繼續不斷之勢矣。」由此，我們可以知道，再千百年後，人類的知識，必更有放大光明於今日矣。

農業的經營和曆算的發明　韋爾斯說：「在畜牧時代，人類帶着畜羣，披星戴月，晝夜不息，晝之太陽與夜間星辰，皆爲移居時引導之助，經時甚久，始發現星辰較穩於太陽，於是留意於特異之一星或星羣。」因此，就漸漸的認識了自然界和人事的關係，這就是發明曆的來源。但是在畜牧時代因爲人類生活和自然界的日、月、星辰的關係，還不十分密切，所以人類對於自然界的認識，只能到利用星辰做指導方位之助爲止。

到了農業時代，農業的耕種和收穫，都是與天時有密切的關係，於是人類在這個時代，就對於天時非常注意，因此，對於天時就有了相當的認識。韋爾斯說：「人類耕種，則助長其四時之觀念，播種時至，則有特異之星駕馭天空，」這就是因爲耕種的關係，對於天時就有了相當的認識，因此，對於春、夏、秋、冬四個季節的觀念，就漸漸地明瞭。這四個季節的輪迴，恰當月的十二個圓缺，太陽的三百六十五日有餘的周天。因此，便有周年觀念的發生。

在中國歷史上考察起來，「伏羲作歷度」，就是人類當畜牧時代，利用固定的星辰，做指導方位的幫助。到了神農時候，中國有了農業，於是就有了曆的發明。我們看楊泉物理論說：「疇昔神農正氣節，審寒溫，以爲早晚之期，故立曆日。」所以我們知道中國人對於曆的發明，到神農時才算正式的發明了。後來到了黃帝的時候，黃帝就利用神農發明曆的經驗，又使羲和占日，常儀占月，臾區占星氣，於是就建五行，起消息，正閏餘。（見史記索隱系本及律歷志）這個時候，曆的發明，就算比較的完備了。自有了比較的完備的曆的發明以後，人類生活的單元，便以一周年來計算，凡百事業的推進，都以一周年做標準。因此人類對於年節，就非常的重視。

自周年的觀念發生以後，人類對於數的觀念，也就有了長足的進步，據社會進化史家說：「原始人類計數以二爲止，多數則用其他方法表示之。」語言學家說：「原始人類計數，以三爲止，因四的音節，在原始人類是轉變不來的。」我們看小兒學數，也到三爲止。三的觀念，想是原始人類最高的數的觀念。伏羲畫卦，也到三畫爲止，這與原始人類的數的觀念，不無關係。韋爾斯說：「野蠻人中五數以上，即有無言以表示之者，甚至二以上即不知。」數學家說：「人類數的觀念的發達，是以數指爲根據的。」原始人類計算的方法，是用屈指來計算的。四的數字，因爲音節的關係，發生的很遲，殆四的數字發生以後，馬上五的數字，也隨着發生了。原始人類用數到五，就到盡頭了。因爲手只有五指，所以用數就到五爲止。到後來周年的觀念發生，五的數字不夠用，於是又用另一個手指來補充，這便是十進位的算法的發明。

現代歐洲人用十二的數目（俗稱打）爲普通的單位，這種意義的來源，韋爾斯說：「新石器人已用符木，日致於三面之爲三角，四面之爲平方，何以如十二等數可分爲二，而十三則不能，於是十二遂成爲高尙普通之數，而十三則反是。」這種說法，是否就是現代歐洲人用十二的數目，爲普通單位意義的來源，我們是無從斷定。

但是依我們的推側，人類發明以十二個月爲一年，便是人類最大的發明，這種發明，是開了人類生活的新紀元。於是人們就把這十二個月的數目，深刻的印在腦筋裏，於是便視爲神聖的數目了。所以十二的數字便成了人類生活上最大的紀念數字了。現代歐洲人以十二爲普通數的單位，其意義或即在此。

曆算的進步和天文儀器的創造　人類自數的觀念一天一天的進步，對於曆的發明，也就一天一天的精密，因爲周天的輪迴歲月的更迭，是與數學有很大的關係，要對於周天的輪迴，歲月的更迭，能夠預先知道的絲毫不差，就要用很精深的數學去測算。

但是天體的形像，和對於日月星辰的關係，沒有一種器具來測度，也是很難得到精確的標準，因此，就有天文儀器的發明。中國人對於天文儀器的發明，有璿璣玉衡的創造。璿璣玉衡，就馬融的解釋說：「璿，美玉也，機，渾天儀，可轉旋，故曰璣衡。其中橫箭所以視星宿也。以璿爲璣，以玉爲衡，蓋貴天象也，日月星皆以璿璣玉衡，度知其盈縮退進所在」鄭玄解釋說：「璿璣玉衡，渾天儀也」蔡邕的解釋比較的詳細，他說：「玉衡長八尺，孔徑一寸，上端望之，以視星宿。蓋縣璣以象天而以衡望之，轉璣窺衡以知星宿。璣徑八尺，圓周二尺五寸而強。」中國人自有了這儀器以後，對於天時的測算，就比較從前精密了。就是從前對於周年的測度，是以三百六十六日爲一周年，到了這個時候就知道三百六十六日又四分之一，才能夠一個周年，於是就定了三年一閏，五年兩閏。自有這閏年以後，周年的律度，才沒有差池了。但是在一個周年裏，還有許多的季節的不同，這種季節的不同，也是與人類的生活，有極大關係。於是人類又用這種儀器來測度這一周年內的季節的變化，因此，就在這一周年內定了四季八節二十四氣。

天文的測算精密以後，人事方面，就得到很大的便利。尤其是在農事方面，播種和收穫，都有一定的時期，就是所謂農不失時。農不失時，人類生活，就更有了很大的進步。

但是時和人的關係，不但在農業方面是不要失的，就是在其他的方面，也是不要失的。因爲人類的事業，是時時要向前推進的，人類的生活，也時時向前求發展的。這種時一失掉，人類的事業和人類的生活，便受無窮的影響。所以人類爲愼重時刻計，就製有刻漏。隋書天文志說：「昔黃帝創觀漏水制器，取則以分晝夜，」這就是黃帝對於時刻的愼重了。現代西洋人所製的時計和鐘表，也都是使人對於時刻要特別的愼重。

【本章參考書】

韋爾斯著 梁思成譯 世界史綱
蔡和森著 社會進化史
波達諾夫著 薩孟武譯 社會主義社會學
柳詒徵編著 中國文化史
Breasted: Ancient Times, a History of the Early World

第十九章　交通的便利和都市的發達

交通的便利　人類在原始的時候，是沒有交通的，就是原始的人類，是老死不相往來。到了後來，因爲生活的要求，就要舉行交換，要舉行交換，就要有來往，有來往，就要有交通。但是在那個時候，河湖很多，森林密茂，人類若是在陸路上去行走很遠的地方，不是墮入湖中，便有失迷的危險。因此，人類在那個時候，就沿着水道去交通。

水道交通最初所用的器具，就是獨木小舟，這種獨木小舟，就是拿上一根木頭把裏面取空浮在水面，用作舟楫。當時造舟的觀念，據社會進化史家說：「就是人類最初看見用火燒空的大樹，是在水上可以浮行的，於是就拿一根木頭，把裏面取空，用在水上去浮行，」這便是造舟的起源了。

在造獨木小舟以外，人類又造皮舟，皮舟是用牛皮作舟楫的，這皮舟在現在未開化的民族還是存在着，後來，人類又把木頭刳成木板，然後把木板合攏起來，就造成船，船的容量要比舟大的多。所以這個時候，交通的工具就比較進步了，交通工具進步以後，水道的交通就很便利了。

但是水道交通，是沿水的居民，可以做交通的，至於內陸的居民，就不很方便了。因此，內陸的居民，就不能不闢陸路做交通。陸路最初的交通，是靠人力的背負或肩挑，但是人力的背負或肩挑，是最蠢笨，最遲鈍，最費力的事情。因此，人類爲求交通的便利和省力起見，就利用駱駝、驢、馬等去馱載，因爲駱駝、驢、馬等的馱載，是能載多量的物品，就是一個駱駝常常可以抵八九個人力，而且駱駝的行走，比較人的行走是很快的。

後來，人類在利用駱駝、驢、馬等去馱載以外，又發明造車。造車的觀念，就是人類把樹木伐倒以後，往往分成幾截，這一截一截的樹木，就從山坡上滾下來，因此就啓示了人類造車輪的觀念。人類有了造車輪的觀念以後，後來就發明了造車，最初所造的車，是用半截樹木做車輪的，後來才慢慢地進化，就造成今日的車輪了。自人類發明造車以後，陸路的交通就很便利了。

各種職業的集中和都市的發達 交通便利以後，在交通的中心地方，就有了很大的「市集」。這市集就是把遠方的水路和陸路運來的物品，都屯積在這裏等交易。這種交易，據庫斯孟說：在最初的時候，一年不過舉行四次至五次的交易，到了交通漸漸地發達以後，就被一星期一次的交易代替了。後來一星期就要舉行兩次或三次的交易，而且星期日也是要舉行的。所以交通一次一次的發達，市集的交易就一次一次的興盛。因此一般商人就在城市裏邊建築了自己的堆棧，做永久的交易，於是商業就漸漸地集中到城市裏。

商業集中到城市裏以後，工業也漸漸地向城市裏邊集中了。工業向城市裏邊集中的原因，就是因爲商業發達以後，需要的製造品就要加多。因此，商人就要常常去到鄉下把工業的製造品或原料品販運到城市裏來做交易。但是商人常常去鄉下販運工業的製造品或原料品，也是一件很感不便的事；於是工業的製造者爲求自己製造品的便於消售，也就跑到城市裏來製造，因此，工業也就漸漸地向城市集中了。

城市裏邊各種工商業集中以後，城市裏的秩序就發生問題，因此，就容易發生搶劫的事實。所以現代落後諸民族的交易常常還是佩帶武器去交易，正在交易的時候就把武器放在身邊，交易完畢，便拿起武器，這就是防備搶劫事實的發生。蘇俄有些地方，在最近兩世紀以前，商業的交易，還有軍事準備的，庫斯磊說：「多布爾的司令官每年遣派四十隻帆船到加爾密克地方的鹹水湖去，此地離河流不遠，莫斯科的人一到此地之後，即發射炮聲，隨後仍然是裝藥，其次就用火銃發射。如此，莫斯科人將人質交與加爾密克，同時收領對方的人質，當天船可以泊定河岸並以大炮防守，以備對方不守信用的時候，可以自衞；他們將製成的鹽裝到帆船之後，即進行交易……所載的鹽完結後交易方告完結；於是雙方退還人質，莫斯科人即撤消大炮解纜而去」所以我們知道在工商業的交易中，時時有發生搶劫的可能。

在這種情形之下，集中到城市裏的商人和工人一方面就組織團體，藉謀自衞，一方面他們爲謀自己工商業的安全和交易的發展，就不能不託庇於諸侯。所以庫斯磊說：「最初工商業發達的地方，就在諸侯的城市和采邑附近。」因爲諸侯的城市和采邑附近，是有諸侯的武士保衞，而且諸侯原來是一部落的領袖，是謀工商業的安全和發展爲自己的天職。

各種工商業集中到諸侯的城市以後，諸侯不但是防衞強盜的搶劫，而且對於工商業間彼此的糾紛，也是要去處理，不但是對於工商業間彼此的糾紛要去處理，而且對於工商業的發展，也是要去督促。因此，就不能不有許多官吏的設置，這許多官吏的設置，有的是為處理工商業間彼此的糾紛，有的是為督促工商業的發展。但是還有一種官吏與工商業無關，就是收稅的官吏。因為諸侯保護工商業，發展工商業，援助工商業，是要許多的官吏，這許多官吏的生活，就要諸侯來維持。所以就有收稅官吏的設置。

自有了這許多的官吏和收稅的官吏以後，城市的人口又要加多了。因為這許多的官吏和收稅的官吏的生活，是要取給於城市的。不但他們的生活，是要取給於城市，就是從事於工商業的人們的生活，也是要取給於城市，因此在城市裏就有飯館、戲園、理髮館、裁縫匠、洗衣舖……等。此外還有一種賣淫的事業，這賣淫的事業，一方面是賣淫的婦女，是偷懶怕務正經的職業；另一方面，也是人的性的生活的要求。可是這賣淫的事業，在人類的道德上，在人種的傳續上，都是極不好的。所以我們為維持人類的道德、為維持人種的傳續，對於這賣淫的事業，是不能不主張嚴禁的。

【本章參考書】

韋爾斯著　梁思成譯　世界史綱
蔡和森著　社會進化史
庫斯聶著　高素明譯　社會形式發展史

第二十章　部落的吞併和國家的成立

部落人口的增加和生活的困難　人類生活到了部落時代，或耕或牧，多半是有固定的區域。在這固定的區域中，天然的物產，是一定有限的：就拿農業說吧！農業的生產量，固然是在人力的勤惰，可是耕地的面積，是與農業的生產量，有絕大的關係。面積小的耕地的農業的生產量，是不如面積大的耕地的農業的生產量的豐富。不但是耕地的面積是與農業的生產量有絕大的關係，就是耕地的肥磽，也是與農業的生產量有絕大的關係。所以部落的人口增加以後，這固定的區域的農業生產量往往是供不應求的。再拿食鹽說吧！食鹽是人類生活最需要的，可是食鹽的產地，是有一定的區域。在部落固定的區域中，不一定是有食鹽的，也不一定在部落固定的區域內的食鹽，就能夠供給部落人的生活。所以部落的人口增加以後，這食鹽的產量，也往往是供不應求的。

我們再拿其他的製造業來說吧！鐵的工業，在人類生活上，是最重要的。可是鐵的來源是由鐵礦中採取的，鐵礦的出產，是有一定的地方，而且鐵礦的產量，也是有一定的產量。部落的人口所佔定的固定的區域中，鐵礦的出產的地方，是有一定的，鐵礦的產量的多寡，也是有一定的。所以部落的人口增加以後，這一定的鐵礦的產量，也往往是供不應求的。所以在人口增加的過程中，人類的生活，是常常要感受困難。

部落的侵略和軍備的發生　部落的人口在生活發生困難以後，便實行向外侵略。人類最初向外侵略的方法，就是隨便的挑取自己部落的壯丁，拿着舊日用的獵槍獵刀，集合起來，使去侵略。在侵略的時候，是不知道陣法，遇到了敵人，就隨便的亂殺亂砍，勝了，就把敵人的土地佔有了，敗了，就棄甲曳兵而逃了。但是他們一經失敗之後，就有了經驗了，久而久之，就發明出陣法來了。但是陣法，是要參加侵略的羣衆組織起來，然後才能講陣法的。若是參加侵略的羣衆沒有組織，這種陣法，也是不容易實行。因此就有軍隊的發生。

人類自有了正式的軍隊以後，於是侵略就更進一步、因此在這個時候，就發生部落吞併的事實。就是強大的部落，常常就把弱小的部落吞併了。強大部落把弱小部落吞併以後，弱小部落的一切，都為強大部落所有。這個時候，人類生活，就有了新的進展。

政治的組織及國家的成立　在中國黃帝把蚩尤打敗以後，黃帝的部落，就猝然漲大，人口衆多、事務日益繁雜。於是黃帝就命蒼頡造字，伶倫典樂，羲和占日，嫘祖養蠶，隸首作算數，伯余作衣裳，胲作服牛，相土作乘馬，巫彭作醫。所以這個時候，人類生活就有了新的進展。到了堯舜時代，人口越發是衆多了，事務越發是繁雜了。於是堯舜就設司徒來掌教化，司馬來管兵，司空來掌國刑，田疇來管農事，樂正來典樂，工師來管百工，秩宗來典禮，大理來斷獄，敺禽來管田獵。於是就有了權力的組織了。這種權力的組織，就是現在所說政治的組織。到了周代，這種政治的組織，就更完密了，周代政治的組織，是分中央和地方。在中央設有六官，一曰，天官，是掌一國的治安，二曰地官，是拿一國的教化，三曰，春官，是掌一國的禮制，四曰，夏官，是掌一國的兵馬，五曰秋官，是掌一國的刑辟訟獄，六曰，冬官，是掌一國的百工土木。在地方設有鄉遂之制，就是五家爲比，五比爲閭，四閭爲族，五族爲黨，五黨爲州，五州爲鄉，鄉有鄉大夫，五家爲鄰，五鄰爲里，四里爲酇，五酇爲鄙，五鄙爲縣，五縣爲遂，遂有遂大夫，鄉大夫掌其鄉之政教禁令，遂大夫掌其遂之政教禁令，鄉遂以下，州有州長，黨有黨正，族有族師，閭有閭胥，比有校比，所以周代政治的組織是很嚴密的，因此，周代的國家就很強盛。

【本章參考書】

韋爾斯著　梁思成譯　世界史綱

庫斯聶著　高素明譯　社會形式發展史

柳詒徵編　中國文化史

馬驌編　繹史

第二十一章　封建制度的發生和奴隸階級的成立

國家特殊地位的造成和封建制度的發生　人類生活在部落的侵略發生以後，就容易造成一種特殊的勢力。這種特殊的勢力，就是軍事的勢力。就是部落的侵略到了最厲害的時候，軍事的首領的權威就很大了。軍事的首領的權威大了以後，就往往奪取政權，因此，軍事的首領，也就成了政治的首領了。這軍事和政治兼領的首領，就成了部落惟一的首領，因此，對內對外都由他去作主。在這個時候，他的權威就更大了，在他的權威更大了以後，他的地位便形成獨尊了，這種獨尊的地位，便是王和皇帝的出身。在中國歷史上把王稱爲天子，就是說，王是代天行使職權的，在天以下，就惟有王獨尊了。孔子也說：「天無二日，民無二王，」到了以後，秦始皇又把王的地位抬高一等，便成了皇帝。皇帝的地位，便造成後來極端的專制，生殺予奪，都是由皇帝任意去執行。所以皇帝賢良，人民便受莫大之福，皇帝暴虐，人民便受莫大之害。這個時候，皇帝的地位，就完全成了一種特殊的地位。

皇帝把自己特殊的地位造成以後，也就把曾經追隨自己而立過功的同族或異姓，予以分封。分封的目的有兩種：第一種目的，就是皇帝把自己的特殊地位造成以後，自己就可以得到安富尊榮的生活。可是對於追隨自己而曾立過功的同族或異姓，也得想個方法使他們也能夠享相當的安富尊榮的生活。第二種目的，就是部落吞併以後，皇帝恐怕被吞併的部落中的野心失意的份子，再來煽動分離。部落分離以後，就使自己安富尊榮的生活發生影響，於是就派追隨自己而曾立過功的同族或異姓去鎮壓。

在中國歷史上，諸侯的分封，周代最完密了。周代分封諸侯，是分公侯伯子男五等，就是功勞大的人，分封公爵，功勞較小的人分封侯爵，以次及於伯子男等爵位。諸侯的封土，公侯百里，伯七十里，子男五十里，都是各有等差。

諸侯受封以後，在他們的封土以內，也和皇帝是一樣，皇帝是把兵權、財權、政權都集於一身，諸侯也是把兵權、財權、政權都集於一身，皇帝是世襲的，諸侯也是世襲的，所以諸侯也就是一個小皇帝。

這種小皇帝以下，還有許多的官吏，這些官吏，就像周代所設的大夫官也是世襲的。這樣一來，就演成一個世襲的社會，社會就是無論什麼事業也往往都是世襲的。所謂「士之子恆爲士，農之子恆爲農，工之子恆爲工，商之子恆爲商。」

世襲的社會，就是封建的社會，所以人類生活在封建的社會裏，是死板的，沒有生氣的，中國數千年以來，完全是封建的社會，所以中國一切事業，都是沒有進步。

奴隸階級的成立　在封建制度的社會裏，皇帝就認天下爲私有，所謂「普天之下，莫非王土，率土之濱，莫非王臣」，所以皇帝就可以隨便的徵收人民的土地，隨便的徵收人民的物產，隨便的奴役臣民的勞力，因此，臣民的生活，就入於奴隸的狀態。

臣民的生活，不但在皇帝統治之下，入於奴隸的狀態，就是在封建諸侯之下，也入於奴隸的狀態。我們在前邊說：封建諸侯就好像個小皇帝一樣，所以這小皇帝在他的封土以內，也是認封土內的一切土地、人民、財產，都是屬於他所有。所以他也可以隨便的在他的封土以內，徵收人民的土地，人民的物產，也可以隨便的奴役人民的勞力，所以人民在這個時候，就入於雙層奴隸的狀態。

不但封建諸侯在他的封土以內，可以隨便的徵收人民的土地，人民的物產，隨便的奴役人民的勞力。就是封建諸侯以下的大夫官，也可以隨便的徵收人民的土地，人民的物產，隨便的奴役人民的勞力

人民的土地被徵收以後，人民就無田可耕，於是這無田可耕的人民，爲維持自己的生活起見，就作爲佃奴。佃奴是自己沒有耕地而給地主去耕地，因此，耕地的收獲，都是爲地主所有。佃奴的所得，僅僅足以維持自己的生活。若是遇到疾病災患的時候，佃奴的生活，便無法維持，於是佃奴就更進一步，而完全成了奴隸。

奴隸和佃奴不同的地方，就是佃奴對於土地，是有使用的權利，奴隸就完全成了賣勞力的勞動者，佃奴還有相當的財產，奴隸就完全成了無產階級了，這無產階級的奴隸的生活，完全和牛馬一樣。

【本章參考書】

庫斯聶著　高素明譯　社會形式發展史
黃菩生著　社會進化史
王純一編譯　西洋史要
般格蘭姆著　唐道海譯　奴隸制度史

第二十二章　人類生活的宗教思想

人類生活的苦悶和宗教家的主張　奴隸階級成立以後，於是就有些人想到奴隸的生活，是應該的呢？是不應該的呢？這種問題縈繞到自己腦筋裏，沒法解答，因此，又想到人生是爲什麼的？有什麼目的呢？於是越想越深，越想越玄了。到了人類思想入於極深極玄的時候，於是聰明一點的人，就抬出來一個上帝來，就抬出來一個天國來，就拿抬出來的上帝的學說，天國的學說，以求人類精神上的解脫，這便是宗教學說的發生了。

宗教的學說，自釋迦牟尼和耶穌基督才有的。在宗教史上所謂摩西十誡，也不過假上帝之威稜，宣示律法，部勒從衆。究非學說和教義可比。釋迦牟尼生在印度的階級社會裏，他雖然生在第一階級，可是他同時看到第三階級和第四階級的痛苦，於是就創立博愛平等的學說，以冀打破階級。他把博愛平等的教義，再爲引申，就成了大慈大悲的學說。他這大慈大悲的學說，不但是對於人類要博愛平等，就是對於一切的衆生，也都要博愛平等，所以他的教義，就特別的淵深。他雖然沒有抬出來一個上帝，可是他最重要的思想，就是成「佛」。「佛」者覺也，他以爲人類社會的鬬爭、殘殺，都是由於人類沒有覺悟，於是他就懸出來一個「佛」來，叫人都要學「佛」，成「佛」，換一句話說，就是叫人都要「覺悟」。他以爲人能夠出世便能澈底的覺悟，不然，就爲一切邪念，慾念所迷惑；鬬爭，殘殺，是免不了的。因此，就提倡出世主義。他所提倡的出世主義，完全是爲救人類現世的痛苦，所以也就容易爲人們所信仰，就發生了很大的力量，這便是佛教成立的由來。

佛教對於人類的歸宿，便是理想的極樂世界，在佛教的教義上，極樂世界，便是人類最幸福的地方，如果在現世毫不受一點苦，只是剝奪他人來過自己的奢侈生活，或欺壓弱者來過自己的逞性生活，這都是神的罪人，都是要遭神的譴罰，神的譴罰，就是死後要入地獄，受那輪迴轉生的痛苦。所以這種宗教學說出世以後，人類的精神的苦悶，便得到解脫了。

耶蘇基督創立耶教，也和釋迦牟尼相同，就是耶蘇基督降世以後，也是當時社會階級生活的軋轢，最厲害的時候，平民佃奴，奴隸的生活，是很困苦。因此就使耶蘇基督發出一種惻隱的同情心。而且耶蘇基督自己也是一個木匠的兒子，他所受的痛苦和平民佃奴，奴隸是差不多的，所以他就毅然決然地創出一種宗教的學說，對於人類苦悶的生活，加以解脫。他的宗教學說，是主張博愛平等的，此外，還加上一個自由。他因爲是一個木匠的兒子，對於富人極力攻擊。據宗教史家說：「耶蘇對於富人，完全處於敵視的地位。」耶蘇自己也曾向人說：「富人上天堂，難於踏過針鋒。」因此，耶蘇基督傳道，多是在手工業者與漁人之間，他是以幫助貧民爲職志，他的信徒，至今猶說：「我們是貧人的奴僕。」在他的宗教學說上，就抬出來一個「天國」。他說：「『天國』是人類死後享樂的地方。」但是他以爲人類死後要到天國享樂去，必須現世要吃苦，就是至少也得在現世放棄快樂的生活。所以他說：「人類要到『天國』去，必須拒絕惡的代表那樣的生活——快樂、豐食、美衣等等。」他所謂惡的代表，是封建諸侯；他以爲封建諸侯的生活，總是快樂的。封建諸侯所以能夠得到快樂的生活，完全是搶刼貧民的，所以他對於快樂、豐食、美衣的生活，是深惡痛絕的。由這種深惡痛絕快樂、豐食、美衣的觀念，再爲擴大，就成了基督教的禁慾主義了。所以我們看基督教的學說和教義，完全是一種苦行的，這種苦行的提倡，一方面是平民，佃奴，奴隸的生活得不到快樂、豐食、美衣，就可以拿這種學說求安慰。在他一方面，封建諸侯們所享受的快樂、豐食、美衣的生活，也可以拿這種學說來戒除，免得再做搶刼貧民的勾當。所以這種學說，也是當時人類生活需要的一種解脫的學說。

宗教家的慈善行爲和對於人類生活的救濟　宗教的學說成立以後，不但人類精神苦悶得到解脫，而且對於無衣、無食、無家可歸的貧民也得到救濟。宗教家救濟貧民的方法就用一種募化的行爲，向國王、諸侯、貴族、以及富有的人們去募化。他們募化的口號，就是「功德」。他們所謂功德，是對來世而講的，就是施捨的越多，功德就越大，功德越大，來世的幸福就越大。因此，國王、諸侯、貴族以及富有的人們，都願意施捨。在歐洲中古的時候，國王、諸侯、貴族，對於教會是有很大的施捨，往往把自己大部分的財產，都捐給教會，所以歐洲中古的教會是很富的。在中國過去帝王也是有很大的施捨，梁武帝捨身同泰寺，叫羣臣拿錢來贖，這也是一種施捨，他們這種樂意施捨，就是爲要求來世到天堂去享幸福。

宗教家得了這些施捨的資財，就做種種慈善的事業。第一種慈善事業，就是救濟貧民，貧民之無衣無食者，他們就拿出國王、諸侯、貴族施捨的資財，去向一般貧民散給，於是貧民在生活不能維持的時候，得了這些資財，也就有了相當的救濟。

第二種慈善事業，就是修道路，築橋樑，開河渠。這些事業，都是公共利益的事業，也是與貧民生活有關係的，並且也含有救濟性質的，所以他們都要設法去做。此外，他們還設立醫院病院，及軍人救護隊。這些事業，也都是一種救濟事業。

所以在封建制度的社會裏，宗教家的行爲，宗教家的主張，是與人類生活有極大關係。後來宗教家不但拿自己慈善的行爲和對於天國的主張來救濟人、解脫人，而且進一步要研究出來一種方法對於人類生活加以改善，這便是基督教的社會主義了。基督教的社會主義，在我們現在看起來，是很不徹底，可是在當時也是不很多得的。

【本章參考書】

庫斯聶著　高素明譯　社會形式發展史

第二十三章　人類生活的學術思想

學術的興起和哲人的產生　人類在上古的社會裏，只有一種預言家，沒有所謂學術家和學問家。到了後來，經過很長久的時間，才有所謂學了；但是還說不到術上。那個時候，所謂學，是學的什麼呢？就是人類生活經過了很長久的時間，就有了許多的經驗，這許多的經驗，一部分是創造發明的方法，一部分是利用的方法，這創造、發明、和利用是要經過學然後才能繼續的。所以人類最初的學，就是學這創造、發明和利用的方法。

但是人類在最初的時候，所學的創造、發明、和利用的方法，是很簡單的，到了後來，人類創造、發明、和利用的事物多了，就不能不用一種很深的功夫去研究，這便是我們今日所說的學術了。在研究這些方法的過程中再發明出新的好的方法，這便是學術上的發明了。

可是學術的發明，是要有天才的人，就是要聰明過人的人，聰明過人的人，便是歷史上所說的哲人了。在歷史上所說的哲人最有名的，就是蘇格拉底，柏拉圖，亞里士多德，和中國的孔子。蘇格拉底在人類生活的經驗中，看出道德是人類生活的最高條件，所以他就說「道德即是知識。」他認爲人類有了道德，人類的生活問題，便可迎刃而解。他的高足弟子，是柏拉圖。柏拉圖承襲他的老師的學說，在人類生活的經驗中，看出人類若是要生活完滿，不僅要有最高的道德，而在社會的關係上，也應作澈底的改良。所以他著有共和國一書，敍少年夢遊一城，其地人類生活，皆按一新而較好之計畫配置。後來又有一著作名叫做法 The Law，乃討論另一烏託邦中之規律，這都是他對於人類的一種理想的生活。後來他的弟子亞里士多德是一個極聰明的人，對於他的烏託邦的學說，很是懷疑；於是就在另一方面觀察人類生活的經驗，據亞氏觀察所得，謂人類生活是一種事實的，不是一種理想的；人類要求生活的改進，就要從現有的事實着手。在亞氏當時人類生活的事實方面，關於政治制度，就是君主制和奴隸制。所以他就認為君主制和奴隸制是現有的事實；人類生活若對於現有的事實不滿意，就要根據現有的事實加以改進，不要徒託空想。所以他就主張維護君主制和奴隸制；不過應該對於君主制和奴隸制，求一種改進的途徑。他對於奴隸制的改進，我們沒有所聞；他對於君主制的改進，就是主張君主立憲制，他這種學說，和中國的荀子差不多。亞氏既注重事實，所以他研究學問就根據事實為出發點。因此，他的學說，就成了很有系統的知識，這種有系統的知識，實導倍根 Bacon 及近世科學運動之先河。

中國的孔子，也是一個最偉大的哲人，他對於人類生活的過程，是極有研究的。在中國後來的學者推崇孔子，謂孔子的學問，是集先聖之大成的。由此，可見孔子學問的淵博了；孔子的淵博的學問，都是根據人類生活的過程造就出來的。他在人類生活的過程中，看出人類要得到美滿的生活，是要重秩序的。他認為混亂無秩序，是人類生活最大的孽障，他重秩序的出發點，就是「孝」。他提倡孝最力。在論語上說：「其為人也孝悌，而好犯上作亂者，未之有也。」他認為人能盡孝道，是無犯上作亂的野心和暴動。就他的見解，他以為人莫親於父子，孝是象徵父子之間的一種極深刻的關係，人若將這一種極深刻的關係打斷了，社會便無秩序可言了；所以孔子就極力主張要維持這一種極深刻的關係。他不但極力主張把這一種極深刻的關係在父子之間要維持，他還要主張把這一種極深刻的關係，擴充到人類生活的各方面去，所以他說：「事君不忠，非孝也，戰陣無勇，非孝也。」一就是他想把人類生活各方面的關係，建築在孝上，如果把這步功夫做到，社會秩序便能大大的安定。人類在安定的社會秩序之下求生活，就容易得到滿足。

各種學術對於人類生活之關係 蘇格拉底，柏拉圖，亞里士多德，和中國的孔子，是在人類生活的秩序方面去研究，可是人類的生活，是多方面的，要求人類生活的推進，就要在各方面去研究，因此，就有各種學術的發生了。各種學術，如數學，天文學，物理學，幾何學，化學，都是與人類生活有關係的，所以這各種學術的研究，在歷史上就有亞里山大里亞博物館的設立，當時在博物館研究著述而有所貢獻的，就有歐几里得 Euclid 的數學，地理學，埃拉托色尼 Eratosthenes 及喜帕卡斯 Hipparchus 的天文學，阿基米得 Archimedes 的數學，阿坡羅尼阿 Apolonius 的解析幾何學，赫洛菲拉斯 Herophilus 的解剖學，這些學術，都是當時人類生活上極需要的，所以人類生活有了這些學術以後，便有了燦爛的光明。但是這些學術，都是人類生活客觀方面的研究。這客觀方面的研究，雖然是很需要的。可是到了人類生活內容複雜的時候，主觀方面的研究也是很重要的。因此，便有政治學，法律學，歷史學，社會學，倫理學，再進而有論理學，心理學等。

印刷方法的進步和學術的發達 但是人類生活各方面的研究，是要多數人來做的，就是多數人的知識才力，都要能夠交換，然後各方面的研究的功夫，才能做到深刻。而多數人的知識才力的交換，是有賴於文字的流傳。人類最初關於文字的流傳，在希臘是用泥塊的，在中國是用龜甲和獸骨的。後來再進步，就有竹簡（中國）蠟塊，牛皮，羊皮（西洋）的發明。在竹簡，蠟塊，牛皮，羊皮以外，又有蒙恬造筆蔡倫造紙的發明。於是這個時候文字的流傳就比較的廣了。但是用筆和紙對於文字的流傳，是要鈔寫的，鈔寫容易發生文字的錯誤。所以在人類生活一天一天的進步中，這鈔寫也是不適用了。於是人類又進一步，而發明木刻和雕刻之法，就是把記載的文字，刻在木板上或雕在石板上，以便從事印刷。這樣一來，文字的流傳，就更廣了。因爲把記載的文字在木板上或石板上雕刻一次，就可以印刷許多次。但是印刷的次數多了，正文就是模糊了，於是就不能不再換一次的刻板和雕板。因此，這刻板和雕板的印刷，在人類生活的進步中，也覺得是很麻煩了。於是人類又進一步而發明活字法。

活字法的發明，據江少虞皇朝事實類苑說：「畢昇爲活板，其法用膠泥，生字薄如錢脣，每字爲一印，火燒令堅，先設一鐵板其上，以松脂蠟和紙灰之類冒之，欲印，則以一鐵範置鐵板上，乃密布字印，滿鐵範爲一板，持就火煬之，藥稍鎔，則以一平板按其面，則字平如砥，若止印三二本，未爲簡易，若印數十千本，則極爲神速。」西洋通史上說：一四二〇年，荷蘭人可斯特 Costor 發明活字板，後來到了一四三八年，德國人谷騰堡 Gutenbury 始改良而爲木製活字，其後到了一四五二年，更與佛奧斯忒 Johan Tust 共製金屬活字板。

學術的新進步和新發明　自印刷方法進步以後，學術的研究，就很興盛，因之各種學術，就有了新進步和新發明。就如天文學，從前人類誤認天圓而地方，並且誤認地球是宇宙的中心，到了學術研究興盛以後，哥白尼Copernirus就把地球爲宇宙中心的學說推翻了，後來，哥崙布研究地理，就深信地圓學說，結果他發見了美洲，因此，這地圓學說就得到證明了。這便是天文學的進步和發明。就數學來說，最初只有簡單的計數法，這種計數法只能到十位爲止，後來希臘人發明一種十進法，就比較進步的多了。到了學術研究興盛以後，研究數學的人就發明了方程式的計算法，這便是代數學的發明，後來又發明比例式的計算法，這便是幾何學的發明，最後牛頓Sir Issac Newton就發明了微積分，於是數學的計算，就更到了精密的程度了。就政治學來說，最早只有神權論，沒有所謂法權論和民權論；就是神權論的解釋，也是很簡單，很浮淺的。到了學術研究興盛以後，繼起的就有法權論和民權論，因此，這神權論，就被法權論和民權論代替了，這便是政治學上的一大進步。就法律學來說，最初只有簡單的治罪法，如中國的墨宮大辟，刖荆等刑；沒有所謂民法和刑法。到了學術研究興盛以後，關於法律學的範圍，就有民法和刑法的分別，這便是法律學的進步。就歷史來說，最早的只有英雄傳記和英雄故事，沒有所謂包羅萬象的歷史。到了學術研究興盛以後，這歷史學也就有了新的進步，就是所謂歷史是把人類過去一切活動的現象都包含在裏邊；最近又有歷史重心的發明了。就生物學來說，最初人類對於生物的觀念，以爲是由神創造的，生物的存在和消滅，也以爲是有神支配的。到了學術研究興盛以後，就有達爾文的種源論出版，於是生物的來源和存在的觀念也都明白了。這便是生物學的進步和發明。總之，其他各種科學，如經濟學，物理學，化學……最初都是很簡單很謬誤的。到了學術研究興盛以後，這些科學，都有新的進步，和新的發明，如亞當斯密的原富，和馬爾薩斯的人口論，便是經濟學上的新發明，牛頓的萬有引力說和愛因斯坦的相對論，便是物理學上的新發明了。Kekuli 的原子價和原子說，更是化學上的新發明。

【本章參考書】

韋爾斯著　梁思成譯　世界史綱
美國顧西曼著　西洋哲學史
胡適著　中國哲學史大綱
黃凌霜著　西洋知識發展史綱要
柳詒徵著　中國文化史

第二十四章　人類生活的規範思想

集體生活的共同利益的維持和習慣的養成　人類的生活，在原始的時候，是一種個別的求生活動，就是完全恃個人的勤勞去滿足自己的生活。到了後來，這恃個人的勤勞去滿足自己的生活，也是無法進行。於是就進而爲集體的求生活動，這集體的求生活動，就是由許多人集合起來，拿共同的力量去滿足自己的生活。可是在集體的求生活動裏，儻使有一人不肯去勤勞，這集體的生活，便受影響。因此，多數人爲維持集體生活的共同利益，就有一種契約的規定，這契約的規定，就是凡在這個集體生活的人，都要有同一的勞動，同一的休息。但是這種契約，最初都是由集體生活的人口頭的約定，這口頭的約定，是不能經過很長久的時間，若是時間長久了，就失去了效力。因此，就有第二次的口頭的約定。但是這第二次的口頭的約定，是沒有第一次的效力大了，就是人類的心理，對於這第二次的口頭的約定是漫不注意了，因此，人類爲維持集體生活的共同利益，對於這口頭的約定，有加以保障的必要。這種保障，就是處罰，處罰的方法，就是對於不守規約的人，要有加倍的勞動。現在農村的勞動者，對於不守規約，仍有加倍勞動的處罰。如果不服從這加倍的勞動的處罰，就要把犯規約的勞動者，排除集體生活以外。人類生活到了集體化以後，惟有集體生活是可以得到生活的滿足，離開了集體，自己個人就很難得到生活的滿足。因此，當時的人就對於排除集體生活以外的處罰是很畏懼的，於是對於規約，就都不敢違犯。因此，就養成一種遵守規約的習慣。

人類因爲有了遵守規約的習慣，於是求生活動，就成了很規則很整飭的活動，因此，人類生活，就能得到很大的發展。

法律的創造和社會秩序的維持　後來，人類生活範圍擴大，人類生活上的要求也就加多。因此，在人和人的中間，因爲彼此都要滿足生活上的要求，於是爭持和衝突的事件，就容易發生。因此，就不能不創造一種有效的法律來維持社會的秩序。

這種有效的法律，就是預先給人們求生活動的一種標準，這種標準，是無論何人不得逾越的，如果逾越了這個標準，就是侵害了他人生活的利益，就算犯了法，犯了法是一定要受罰的。中國古書上說：「古有象刑，」尙書大傳說：「唐虞之象刑，上刑赭衣不純，中刑雜屨，下刑墨幪，」這就是古代最早的刑律。這種最早的刑律，都是以衣服的顏色表示懲罰的，這拿衣服的顏色表示懲罰，依我們推想，或者就是從前排除集體生活以外的懲罰的表示。我們看從前排除集體生活以外的懲罰，就是表示這一個人的行爲，是不容於集體了。但是這一個人的行爲不容於集體，若是沒有一種方法來表示，僅只排除集體生活以外，也是容易和一般人相混，於是就拿衣服的顏色來表示，用衣服顏色來表示，在懲罰上，是有深刻的意義的。在這用衣服顏色表示的象刑以外，我們在歷史上還可以看到的，就是鞭作官刑，扑作教刑，金作贖刑。因爲後來人類生活一天一天複雜，人類衝突也一天一天加多，沒有一種使肉體上受苦的刑，實在不足以防止人類利害的衝突。後來又有墨、劓、剕、宮、大辟五刑，都是使人的身體上受極大的苦楚，所以我們知道人類生活一天一天複雜，刑罰也就一天一天嚴厲，就是人類爭鬬的事件加多，非有嚴厲的刑罰，是不足以制裁的，所謂刑亂國，用重典，就是這個道理。

但是這種法律，完全是制裁個人間的生活利害的衝突和鬬爭，可是對於個人和共同生活的關係，就是個人對於國家的關係，也就是個人對於君主或國王的關係，還沒有明白的規定。因此，君主或國王就往往利用自己領袖的地位，對於人民的權利利益，就常常加以妨害，在這個時候，人民爲要求自己的生活滿足起見，就把個人對於君主或國王的關係，也要加以明白的規定，這便是後來憲法的產生。我們在歷史上最早看見的有羅馬十二綱銅表法 Twelve Table，這羅馬十二綱銅表法，就是歷史上最早的一種憲法，這種憲法就是當時人民爲要求生活上的改善而規定的。自有了這種憲法以後，一般人民對於國家的權利和義務，就有了明白的規定了，就是一般人民的生活，再不受非法的勒逼和剝削了，因此，羅馬的國家就很相安。後來李錫尼爲使羅馬人民生活的整飭和嚴肅起見，又提出法律草案，於是羅馬人民的生活，就更得到完美。

人格底自覺和道德的養成 人類在原始的時候，是根本不認識自己在人類所處的地位，和對於人類應盡的責任。所以那個時候，人類的一切活動，是和禽獸差不多的，就是完全是機械的，任性的，甚至肚子餓的時候，或食慾發動的時候，也吃自己的兒子，也搶奪別人的東西。到了後來，人類生活鬭爭厲害的時候，於是就有了人格底自覺。因此，就有法律的產生。所以法律不過是人類的人格自覺的標準，就是人類的求生活動，若在法律以內來活動，便算有人格，若是逾越了法律，便算沒有人格，沒有人格的人，便要受人類社會的遺棄，所以法律就是人類社會遺棄這沒有人格的人的一種方法。

法律既然是人類社會遺棄這沒有人格的人的一種方法，那末，法律的力量，就是人類的人格底自覺。

人類的人格底自覺在積極一方面說，就是道德的活動。道德的活動，也是古今中外不同的。中國人最早以來，就以忠孝仁愛信義和平為道德，尤其把忠孝二字看得非常重要，而且認忠是由孝出發的。這種原因，就是中國人類的生活是以農業為基礎的，農業的社會，是以家族為單位的，家族的關係，是以父子為中心的。所以要維繫父子之間的一種關係，就要拿一種孝的行為來維繫。父子之間的關係得到維繫以後，家族便能夠成立。家族能夠成立，農業社會便能鞏固。所以在中國的社會裏為人子的人，若能把孝的行為盡到極處，便為社會所推崇，所敬仰，若是不孝的兒子，簡直就不能齒諸人類。

至於西洋人那就不然了，西洋人以誠信勇愛為道德，這種原因，就是西洋人的生活，是一種重商主義，他們因為重商就不能不把家族看輕一點，所以「孝」在西洋社會裏是不講的，也是講不通的。西洋人以為最重要的道德就是「勇」把「勇」字看的非常重要，所以冒險的事業就非常的多：一個人若是能冒極大的險，便受社會所推崇所敬仰。所以西洋人近代文明的生活，都是由這「勇」的行為創造成功的。

人類的道德行為，還要知識來決定，蘇格拉底說：「道德即是知識，人類有了知識，就有了道德，」柏拉圖也說：「道德的條件，是智慧，正義，勇敢，節制。」孔子也以智，仁，勇，為天下之達德。這些先哲們都是認知為道德的重要條件，就是以為人類要發生某一種行為，就先要有某一種知識，沒有某一種知識，就不能發生某一種行為。亞里斯多德說：「道德是理性的。」所謂理性，就是人類的行為，不為感情所支配，不為物欲所支配，完全用一種理智去判斷，因爲沒有知識，是得不到正確的判斷。

【本章參考書】

波達諾夫著　社會主義社會學

庫斯聶著

高素明譯　社會形式發展史

韋爾斯著

梁思成譯　世界史綱

美國顧西曼著　西洋哲學史

柳詒徵著　中國文化史

第二十五章　人類生活的藝術思想

人類精神生活的審美的感情　人類是有愛美的本能，因爲有愛美的本能，所以無論遇到何種事物，都有一種審美的感情發生。審美的感情，就是愉快、喜悅、流連。人類無論遇到何種有美的內容的物體，於不知不覺間就流露出來一種愉快、喜悅、流連的形態。這種形態，就是審美的感情的表現。

人類審美的感情，不但在遇到了有美的內容的物體才表現，就是遇到了自然界的東西，如植物中的花卉，動物中的蟲、魚、鳥、獸，鑛物中的巖石、金玉，以及湖、海、山、河也是表現。所以自然界的花卉、蟲、魚、鳥、獸、巖石、金玉、湖、海、山、河，也是有美的內容的。

自然界的花卉、蟲、魚、鳥、獸、巖石、湖、海、山、河，我們細細分析起來，都是有牠整、潔、精、巧、秀、麗、明、媚的地方，所以原始人類看見這些東西，就發生一種愉快喜悅流連的審美的感情。因為有這種審美的感情，於是對於自己的身體，就模仿出來一種美的裝飾。他們不但對於自己的身體模仿出來一種美的裝飾，有時在工作閒暇的時候，也常常把自然界的花卉、蟲、魚、鳥、獸、巖石、湖、海、山、河摹繪在自己的牆壁上，這便是壁畫的發生。這種壁畫，在太古人類住居的洞穴中是常常發見的。韋爾斯曾說：「在初民的社會中，他們所住的洞穴，是常常有壁畫的發見，而且繪畫的精能，也常常是我們料想不到的。」

同時，他們不但在自己住居的牆壁上，輒有繪畫的塗抹；就是在自己日用的器物上，也常常有美術的雕刻。這種美術的雕刻，就是他們把自己在自然界中所喜悅流連的物體，或是花卉，或是蟲、魚、鳥、獸，或是巖石、湖、海、山、河，很用心的雕刻在自己所用的器物上，這便是美術雕刻的發生。

此外，他們又喜歡音樂，可是他們喜歡音樂的興趣，也是自然界的美的引誘。就是自然界的蟲鳥聲，溪流聲，在在足以引起他們愛好音樂的本能，所以他們這種本能，被自然界的音樂的美的引誘以後，也常常想藉機會而發揮，所以當時人類獵獸的時候，所用的弓弦，便是他們發揮愛好音樂本能的絕好的機會。因此，他們聽見弓弦的聲音，也就用製造弓弦的方法，去製造一種弦樂器。當時人類往往於截竹時，就嬉取所截之竹而吹，就發生一種聲音，於是他們就用截竹的方法，而製造一種管樂器。

當時人們於愛好圖畫、雕刻、音樂以外，還愛聽故事，他們於飽食以後或是工作閒暇的時候，就喜歡聽長老對於他們講故事。他們愛聽故事的興趣，據藝術家說，也是一種愛美的本能的表現。因爲故事也有牠的內容的美。但是故事內容的美，就是神秘，就是越神秘的故事，人們就越愛聽，我們看韋爾斯也說：「初民所講的故事，關於神話者居多。」就是這個道理。

藝術觀念的進步和發展　人類愛美觀念的象徵，就是藝術。但是藝術初步的發生，有人說，是起於繪畫，有人說，是起於雕刻；或者繪畫、雕刻同時發生，也未可知。總之，有了繪畫或雕刻以後，始有藝術觀念的啓示。藝術觀念的啓示就是人類在最初的時候，用手在地上描，或用刀在骨上刻，最初對於所描的所刻的物的觀念，是很模糊的，到了描或刻了以後，才有所描的或刻的合與不合，好與不好，這便有了藝術觀念的發生。藝術觀念的發生，最初是單純的。後來就成了複合的，就是最初的繪畫是繪畫一個單體的物，這個單體的物以外，再沒有其他的物體。就如馴鹿時代，人類所繪之鹿，只是一個鹿的個體，在這一個個體的鹿以外，再沒有其他的東西的描繪。雕刻也是這樣，最初雕刻的物體，也只是一個單純的個體，到了後來，漸漸地由藝術的單純的觀念，進而爲複合的觀念，換一句話說：就是由單純的物體的繪畫和雕刻，進而為複合的物體的繪畫和雕刻。複合的物體的繪畫和雕刻，就像威尼斯之繪畫，喬爾喬那作說教：有人，有樹，有屋，有講演臺，這就是複合的物體的繪畫和雕刻。這複合的物體的繪畫和雕刻的藝術，後來一變而為建築式的複合的藝術。建築式的複合的藝術，有宮殿式的複合的藝術，有墳墓式的複合的藝術。

宮殿式的複合的藝術，除形式的美以外，還有繪畫、雕刻，及其他種種的裝飾，所以宮殿式的藝術，也是很高的藝術但是宮殿式的藝術，和墳墓式的藝術比較起來，宮殿式的藝術，還是要遜一籌的。就是宮殿式的藝術的內容的美，是不如墳墓式的豐富。我們看埃及的金字塔，就是墳墓式的藝術，埃及金字塔的建築，是很雄偉的，在民族的精神上，是很有意義的。金字塔的內容，也有繪畫、有雕刻，所繪的及雕刻的圖像，有列王戰捷圖，有祭祀大典式，乃至瑣瑣人事，莫不具有。不但有繪畫和雕刻，而且還有庭園風景的配置，以波紋表水，以枝葉表林，均甚雅緻。在中國秦始皇的墳墓的建築，也是很有藝術的，就是在一個墳墓之內，有星辰，有池沼，把宇宙的自然的現象，完全要納入到墳墓以內，也是極有藝術價值的事。

宮殿式的複合的藝術，我們在歷史上可以看見的，就是埃及王的殿堂，和斐萊的神殿。埃及王的殿堂，牠的建築構造，我們不必論。就牠的殿柱而論，柱上的雕刻，也是很精緻的，雕刻的內容，多半是摸尼羅河上的花草，或含苞半吐，或瓣蕊盡開，均甚有致。斐來神殿的刻柱，也是精美無倫，牠雕刻花的生活，各不相同。但是宮殿式的建築，完全是注重形式的美，雕刻、繪畫，還是次一等的。所以歐洲的建築就有許多的式樣，有所謂鐸里安式Doric·Olrder伊奧尼亞式Ionic Olrder可林特式，都是各有各的形式的美。後來到了羅馬又一變而爲穹窿式。穹窿式的建築很是雄壯偉大，牠的結構，共有四式：一爲口徑式，水道街戶等用之；一爲圓筒式，凱旋門等用之，三爲交叉式，公會堂等用之，四爲圓蓋式，哈特里安大帝所築龐透翁殿用之。牠的裝飾很是富麗繁縟，牠的柱式爲混合柱式，後人稱爲洞窟式，牠的牆壁的裝飾，有嵌石，有壁畫，很是雅觀。

在歐洲最著名的建築，如意大利的佛羅稜斯本寺，羅馬的聖彼得寺，英國的聖保羅大教堂，這些建築，多半都是羅馬式的。羅馬式的建築取十字形，中通廊路一，兩旁廊路二，這兩旁的廊路，較中路狹而低。各廊中間，介以鉅大的圓柱，上支圓穹，聯以橋環，橋環的窗，多半都是很小的，所以室內不甚明亮。羅馬式的建築，到了後來，裝飾上盛行雕刻，但雕刻多半都是幾何畫的。

羅馬式的建築以外，當時所用的，還有高斯Goth式的建築。高斯式的建築，建築家能造高下相同而廣狹不一，或高下不一而廣狹相同的橋環。這圓形的橋環，高度僅能當廣的一半，至於尖頂的橋環，則高低廣狹，可以計畫自如。後來又發明飛壁，於是這種建築就更覺文明，有支撐的柱子，厚牆所受的重量，大大的減少，所以就能開鉅窗，室內的光線，就沒有以前黑暗。牠的雕刻，因爲建築術的精巧，也很華麗，凡嵌線，柱頭，講臺，神壇，歌詩所的屏，教士及歌詩者的座，無不雕有花葉、鳥、獸、怪物、聖跡及日常生活等。當時最令人歎羡的，就是在英國韋爾斯

Wells 大禮拜堂中有一柱頭，上雕葡萄，又雕童子作拔足上之刺狀，面帶苦楚之容，很是畢肖。又一柱頭上雕一農夫，面現怒容，手持草叉，追逐竊葡萄的賊。都很生動。

在中國建築的藝術，雖不及歐洲的美奐，然典雅富麗，亦頗有藝術上的價值。就像秦代的阿房宮：層臺疊閣，雕棟畫宇，也不失爲藝術的建築。漢代宮苑也是富有裝飾，就像武帝時所造的昆明池，石鯨和牽牛織女的石像，柏梁臺金莖上的仙人承露盤，桂館的銅鑄飛簾，鳳闕的銅鳳金雀，太液池的石龜魚，漸臺的金鳳，圓闕的銅鳳，未央宮門樓的銅龍，魯班門外的銅馬法等物，幾莫明其製作的巧拙。

人類衣食住的藝術化和鑑古的嗜好　人類因爲有藝術的愛好，所以對於衣食住也就漸漸地藝術化了。衣的方面的藝術化，就是求衣服的華美。衣服的華美，一方面是求質的進步，一方面是求色的鮮麗。質的進步，就是由麻而棉而絲。色的鮮麗，就是紅、黃、藍、白、黑五色的配合。此外，還有織花、提花、刺繡等等花紋，這些花紋，多半都是龍、虎、鳳、鳥等物。在中國漢代最有名的走龍錦、飛鴻錦、麒麟錦，都是做衣服的材料。吳王夫人趙氏也曾以綵絲織龍，鳳之錦繡帛作五岳列國之地形，這都是衣的方面的藝術化。

食的方面的藝術化，就是求美味的烹調。在味的方面，就有酸、鹹、苦、辣、甜的配合。在烹的方面，就有燒、炙、烹、爨、醃的分製。此外，就是求器皿的雕飾，器皿的雕飾，在中國炊烹的器有鼎、鬲、鍑、甗、盉等。盛酒的器，有尊、罍、彝、舟、卣等。酒觴一類，有爵、觚、觶、角、斝等。這些器皿，都是有一種雕刻。所雕刻的或爲饕餮、蟠夔、魚、龍，或爲雲、雷、牛、羊、熊、虎、鳳、鳥等。

在衣服飲食以外，就是住居。住居的藝術化，男人和女人也是不同。男人住居的室，多半是書室，書室內的陳列有書橱、有書桌、有筆、有硯、有筆筒，多半都是盛有雕飾的。在中國晉代製的筆，多以琉璃、象牙、犀角，沈綠漆等爲管，兼有施以雕刻者。硯則多用鳳池硯，雕刻亦頗精工。五代的時候，歙州硯工李少微爲硯官，作龍尾石硯，以供玩賞。

女人的住室就是繡閩，繡閩內有粧臺，有衣架，有衣櫃，也都是盛有雕飾的。粧臺上有銅鏡、鑪、奩，也是很有藝術的價值的。在漢代的時候，銅鏡的背面往往鑄有神像和異獸，也有線畫的文樣，鑪的上面，多鏤有奇禽異獸，鑪的下面，多有連絡的螭龍，奩是官韓脂澤之器，鑄造也是很精工的。

在住室以外，就有庭院的佈置，人們於工作之餘，除在住室臥息以外，就是在庭院的散步，使身體得到相當的活動。但是庭院若無相當的藝術的佈置，人們的精神，就得不到愉快。於是人們就在庭院散步的時候，往往引起藝術的興趣，因此就對於庭院有相當的藝術的佈置。庭院的藝術的佈置，就是栽花，或堆疊假山。但是栽花或堆疊假山須有空曠的地方，然後才能佈置如意的。因此，就有花園的開闢，花園，不但可以栽花，可以堆山，而且還可以引水，可以養鳥、養獸。花園有了花草、山水、鳥、獸以後，花園的佈置就很好了，於是人們在花園遊息的時候，就能得到很大的愉快了。所以，自古帝王都是有自己的花園，帝王的花園規模是很大的，海陸的珍奇，差不多都有。

其次就是私人的花園，私人的花園，雖不及帝王的花園規模大，但往往也足以遊目騁懷，就像晉代石崇的金谷園，就是很有名的花園。若是私人自己不能自闢花園，也往往門前栽柳，庭院栽竹，栽花，也聊足以自娛，就像陶淵明的種菊，周子的養蓮。

人們藝術化的生活，到了最高的程度，就有了鑑古的嗜好；就是對於古代的藝術品，或是書畫，或是雕刻，或是古器古物，都是很愛好的，因此人們也就不惜重價去購求。六一居士的集古錄，也成了後人很欣羨的名貴了。

【本章參考書】

陳望道著　美學概論
韋爾斯著　梁思成譯　世界史綱
呂澂著　西洋美術史
日本大村西崖著　陳彬龢譯　中國美術
魯濱遜著　何炳松譯　中古歐洲史
德國米勒利爾著　陶孟和等譯　社會進化史

第二十六章　人類底冒險事業和美洲的發現及歐人的東來

馬哥波羅的東遊和歐人對於東方的豔羨　在中古的時候，歐洲人常常有冒險到東方來經商的。馬哥波羅 Marco Polo 就是歐洲意大利威尼斯的一個商人的兒子；他的父親和他的叔父，都是以經商爲業的；他的父親名叫尼哥羅孛羅， Nicolo Polo，他的叔父名叫馬飛孛羅 Mcffeo Polo。這尼哥羅孛羅，馬飛孛羅兄弟二人到東方來經商的時候，就挈帶着馬哥波羅同來。當時馬哥波羅正在髫齡。中國的皇朝，正是元朝。元朝對於外來的客人，無論是經商的，傳教的，都是很優禮的，所以他們父子三人，也就很受元朝的優遇，尤其是馬哥波羅以髫齡聰慧，且熟諳蒙古語，尤爲忽必烈汗所寵信。忽必烈汗就授以官職，歷充使命。我們考察馬哥波羅在元朝做官，曾做過一次揚州宣徽使，還曾奉使過印度，曾做過樞密副使，他曾在中國做過十六年的官，所以他對於中國的情形很熟悉，對於印度和日本的情形也很熟悉。他於一二九五年因護送元公主下嫁於伊兒汗國王阿魯渾 Argon，就回到他的意大利威尼斯的故鄉。他回到故鄉以後，也沒有人認識他，他的家人也不納他，他的衣衫襤褸，很惹起他的故鄉人的懷疑，到了好久的時候，這種疑團才漸漸地釋了，然他的鄉人仍以爲他是流浪回來的。於是他就設了盛筵，招集朋輩來歡宴；正在歡宴的時候，他把百結的鶉衣取出來，就在鶉衣裏邊取出來很多的紅寶石、碧玉、紅玉、翡翠、金剛鑽……。光輝燦爛，很是動人。因此，就把這消息傳到各地去，各地的人，都很注意，於是東方富有的觀念，漸漸地就印在一般歐人的腦筋了。

但是這口頭的傳說，猶未能使人深刻的注意。到了一二九八年，威尼斯和熱那亞起了戰爭，威尼斯敗績；這個時候，馬哥波羅也就參加戰爭，到了威尼斯敗績以後，馬哥波羅就被俘虜。馬哥波羅被俘虜以後，坐在獄中很是煩悶，每日無事，就向著作家羅斯梯謝奴 Rusticiano 述其遊蹤，羅斯梯謝奴就把馬哥波羅所述的事實一一筆記起來，就成了馬哥波羅的一部世界遊記。這部世界遊記出版以後，很惹起當時歐洲人的注意，就風行一時。差不多有智識的人，都是人手一編。這部世界遊記，最重要的就是盛誇東方的富有。茲錄裏面的一段：

西巴庫（Cipargu 日本）離大陸一千五百哩之東方最大島也。住民爲白皙人，容貌美麗而好文；彼等有無限之金。金由此島產出，但國王不許其輸出，因離大陸甚遠，商人等不甚往來，於是金之貯額不可勝計。茲我述此島可驚之王室宮殿之事；國王大宮殿之屋脊，全部以金爲之，恰與我輩之寺院用鉛爲之同一理由，故其價額殆不能計算。又宮殿之天井及其他在我輩則用石，而彼則全部用金板敷之；其板約有二指之厚，門窗亦用金爲之，故此宮殿價值之大，不可想像。又有大粒圓形之桃色眞珠甚多，其價值與白眞珠無異。此島人死則仍埋葬；亦有火葬。火葬時習慣上例須納一眞珠於死者口中，其他寶石亦無限量云云。

此外他對於中國豐富的出產品，如絲茶等，印度豐富的出產品，如香料等，都有很詳細的敍述。他這部遊記出版以後，很惹起當時歐洲人對於東方的豔羨，於是當時歐洲各國，上自王侯，下至平民，都是對於東方的寶富有熱烈的羨望，人人都思有去東方探得的野心。

哥崙布的探險和美洲的發見

自馬哥波羅東方遊記發表以後，世界上的人——尤其是歐洲人，都思對於東方的金銀珠寶去探得，於是距海岸最近的葡萄牙航海家，就本着他們舊有的經驗去向海外探險。他們探險的目的，就是要找直達印度的通路，因此，就發見加拉列 Canary 羣島，馬得拉 Madeira 羣島，亞速爾 Azores 羣島。這些羣島發見以後，他們又沿着非洲海岸，再往下去探險，因此就到了一個名叫維爾德角 Cape Verde 綠角——的地方。

到了三十年以後，又有一個葡萄牙航海家，名叫地亞士 Parthalomen Diaz 繼續向南而進，沿非洲西岸直航下去，竟於一四八七年繞過南端，就望見東方的大陸，於是國王就把非洲南端起名好望角 Cape of Good Hope，以紀念他的成功。

但是這個時候，一般人對於地理知識，仍是很幼稚的，有許多的人，對於地球的觀念，仍是株守一五〇年間天文家 Ptolemy 著作為標準。只有這些少數航海家，對於地理有深刻的觀念，深信向西航行是可以直抵印度的。他們以為馬哥波羅記載東方的道路，是很遙遠的，那末向西航行到日本，一定是很近的。因此，他們就常常作向西航行的計畫。

最初作向西航行計畫的，是 Florence 的醫士，名叫 Tosianelli，他在一四七四年就把他向西航行的計畫，上於葡萄牙王；可是到底沒有實行。一四九二年又有一個熱那亞 Genoa 的航海家，名叫哥崙布 Columbus，他也作向西航行的計畫。可是他作向西航行的計畫，是有相當的知識，他的知識的來源，據巴格力 Bagley 說：他於一四七三年娶了一位葡萄牙航海家的女兒，就得了這位航海家許多的地圖和航海圖。這些地圖和航海圖，都是世界上很稀有的。自哥崙布得了這許多的地圖和航海圖以後，於是哥崙布就對於地理有了相當的知識，後來他又得了馬哥波羅游記，就知道有一個大海，是在中國疆域以外，於是他就深心研究，另繪出來一幅地圖來。他這個地圖，就說地是圓的，他在地圖上繪的大海，便是大西洋的一部分，而哥崙布就斷定向西直航四千萬英里，便可到日本。他這計畫決定以後，就上於葡萄牙王，請其幫助，後來也沒得到效果。於是他又上書西班牙王斐迪南，斐迪南就和他的王后伊薩伯拉 Eerdinand and Isabella 幫助哥崙布以金錢和船隻水手。因此，哥崙布就帶了三隻船在一四九二年八月由西班牙的巴羅斯 Palos 海港起程，向西而進，預算五週以後，就可以達到日本。

自他離開海港以後，經過 Canary 羣島，三十二日以後，就到 San Salvador 島，到了 San Salvado 島以後，就以為到了東印度羣島了。再向前進發，又發見古巴 Cuba 島，他以為就到了亞洲大陸。再向前進行，達 Haiti 島，竟誤認為日本。

但是他到底沒有找出金銀和玉石的庫藏，後來他又連航了三次，並沿南美洲海岸南下，至 Olrinoro 河口

止，也沒有得到金銀和寶石，然他至死自信以爲已達亞洲了，其實他到的完全是現在的美洲，

哥崙布發現美洲以後，雖然沒有得到金銀和寶石，可是這很富饒的美洲，已竟可以使人類的生活，得到相當的滿足；於是各國的人民就都紛紛前往，以冀得到自己生活上的企求。當時各國人民去美洲的，以西班牙人爲最多。一五一九年西班牙的兵士名叫科德司 Cartes 帶一小隊人發現了墨西哥帝國，就把牠征服了。墨西哥帝國，是一個人民稠密，富於貴重礦產的大區域，自被西班牙征服以後，西班牙的人民到墨西哥來的，就一天一天的加多，西班牙的傳教士也到墨西哥建寺院，設教堂，於是西班牙的勢力，就在墨西哥很膨漲了。因此，西班牙人，就在墨西哥設立了一個民政司來管理。這樣一來，墨西哥的宗教，政府及人民的習慣，都很像西班牙一般人。因此。西班牙人就把這個地方稱爲新西班牙。

西班牙人把墨西哥征服以後，又聽到南方的祕魯，也是一個大帝國，也有很多的金銀珠寶，於是西班牙的兵士，名叫比撒羅 Pizarro 又帶了不滿二百人，就到祕魯去，把祕魯又征服了；把土人的廟宇，宮殿，以及死人的墳墓，都刼掠了；於是他們就得着很多的貴重金屬，和寶石，其中除土人贈的約值七百萬元（英金）外，其餘都是用武力搶去的。

西班牙人在墨西哥祕魯，得了很多的財寶，他們就更向各地方去找新的地方，以冀再有所獲得。可是一五一三年得里溫 Deleon 就找到佛羅里達 Florida 結果是毫無所得。又有一個比撒羅的舊隊官，名叫對索托

De Soto 也帶了一羣人馬，自古巴出發，到了一五三九年就在佛羅里達的沿岸登陸，搜尋可以征服的地方，結果，也是毫無所得，所見的只有可憐的印度人的村落，於是就很失望了。

但是這對索托 De Soto 沒有找到一塊很富裕的地方，他就以為不足，領着一隊人馬，就在這個地方停留了四年，到處尋找，希望發現大寶藏，但是到底是無所得的。一五四一年，他到了泛濫的密士失必河，跟隨他的人，就不願意跟隨他了。於是就把他的尸體沉到河裏去了，於是對索托尋找新地，就告一段落。

在對索托出發尋找新地的時候，同時還有一個西班牙的冒險家，名叫科洛那多 Coronado，由墨西哥去探險美國的西南部。他也沒有發現出很多的寶藏，也只見了些印第安人破爛的廬舍和村莊。他們雖然沒有得到很多的貴重的東西，可是他們卻為西班牙得了廣大的領土。

法國看見西班牙的船，從新世界帶回來一噸一噸的金銀，就惹起法國人民的豔羨，於是法王也想遣人到美洲去發現這無窮的寶藏。一五二四年法王就遣味喇擦諾，帶了一支遠征隊，去探險北美東岸，想發現一個由西北到東印度的道路，結果就得到了大陸北部的領土權。

再後幾年，有個卡退 Jacques Cartier 航到聖羅凌士河 St. Lawrence R.，佔領河的兩岸。但是這個時候，法王正忙於歐洲大陸上的戰爭及國內的宗教衝突，也沒有功夫在美洲樹起一種有計畫的殖民事業。到了一六〇四年，法王才在阿加底亞 Acadia 的皇家埠 Port Royal 上，立起一個永久的殖民地。再後四年，有一個大探險家占勃連 Champlain 設立魁北克埠 Part of Quebec。

法國在美洲有了殖民事業，英國也步法國的後塵去向美洲殖民；但是在美洲殖民，卻不是各國原來的目的。各國原來的目的，就是要找到印度和日本的通路，英王亨利第七 Henry VII 曾遣一個意大利人名叫喀波特 John Cabat 去找尋向西直達日本的通路，但是也沒有找得，只找見臘布剌多 Labrador 的荒涼的海岸一四九七年他在這裏插起英國的國旗，這就是英國在北美大陸殖民的開始。

後來英國到了依利薩伯 Elizabeth 女王在位時代，有幾個航海家如德拉克 Drake 拉里 Raleigh 夫洛比瑟 Frobisher 和吉爾柏特 Gilbert 等，他們都往美洲去探險。一五七七年德拉克在普里穆斯 Plymanth 張起帆船，由南美東岸航下去，又順着西岸上來，刼燒沿途的商埠，追捕貨船，取一條一條的金銀，裝在他的船上帶回來，英王就很嘉獎他，封他為武士。

德拉克在美洲得了很多的金銀以後，就激起西班牙王的憤怒，於是西班牙人就組織了一個很大的無敵艦隊，要粉碎英國方輿的勢力。但是英國方面早有準備，就把西班牙的無敵艦隊打敗了。從此英國在北美的荒涼地上，才建起一個新英格蘭來。

麥哲倫的探險和東西航路發現及歐人的東來　一四九七年，有一個葡萄牙的航海家達伽馬 Vasco Da Gama 就向東方去探險，繞好望角，橫過印度洋，直到印度洋海岸的科利庫特 Calicut 裝載些香料、絲和別種歐人所切盼的東西把這些東西帶回去以後，很受一般人的熱烈歡迎，葡萄牙王也很誇獎他的成功。

但是自美洲發見以後，地圓之說，就很得到一般人的相信，於是一般人就更信由西航行去找印度，一定是比由東航行或近的，於是當時的航海家，就仍繼續的步哥崙布的後塵去航行。首一位就是佛羅稜薩 Florence 人味斯浦奇 Amerigo Vespucci，味斯浦奇是受西班牙王命去航行；味斯浦奇受了西班牙王命以後，就順着現在南美的東岸航行，由中部一直到南端，就把美洲的全面目發見了，於是就把一般人對於美洲即是亞洲的疑團打破了。西班牙王為紀念他的功勛起見，就把他的名字「亞美利加 Amerigo」給這塊新陸地用了。

自亞美利加洲的全面目發現以後，西班牙即刻開放了這個大陸，任人探險。一五一三年有拔爾波亞 Balboa 者衝過池澤與林叢，越地峽直向西爬上山去，就望見太平洋的水，發射銀光，於是就發現了太平洋。

一五一九年，有葡萄牙航海家名叫麥哲倫 Magellan 者，奉西班牙王命，向西去探險。他順着南美海岸衝過南端上的海峽，就在廣大的太平洋上張起帆來，向西直航，才到了現在稱為斐律賓的羣島上。他到了斐律賓羣島以後，就和島上的土人戰爭，被土人把他殺害了。但是跨渡太平洋發見東方陸地的，總算麥哲倫是第一人。他死後，他的水手乘着一艘叫做維多利亞 Victoria 的好船而去，過印度洋繞好望角，於一五二二年九月六日在里斯本港上岸，從此，航行世界，就算成功了。

自這次航行世界成功以後，於是由西行航到東方來的航路就發現了。因此，葡萄牙人就首先順着航路到東方來；葡萄牙人到東方來最先到的地方，就是印度，於是就在印度置居留地，並在印度海岸各地，設立商館，和印度王訂通商條約。

但是葡萄牙人到東方來，完全恃有大艦隊的力量，因此，就得到了優越的權利。在葡萄牙人未到以先，和印度通商的有阿拉伯人和埃及人，葡萄牙人到了印度以後，阿拉伯人和埃及人就在商業上失敗了。這種原因，就是葡萄牙人帶有大艦隊，所以就占了優勢。

一五〇九年，葡萄牙第一副王阿米提 D'almeida 於低猷 Diu 敗埃及艦隊總督阿布奎基 D' Aibuquerque，於一五〇八年與阿拉伯人及印度人戰爭，奪取荷美斯 Hormuz，占領臥亞 Goa，並以此爲根據地。略取麻剌甲 Malacca，延長其管理權於附近諸島。

葡萄牙人在印度和南洋一帶占了商業上優越的權利以後，於是就帶艦隊來到中國。一五一七年葡萄牙人就到中國，向廣州府要求互市，自此以後，葡萄牙人常遣使者到北京明廷商互市，於是就在廣東福建各省取得互市場。一五四七年葡萄牙人就殖民於媽港（澳門）。在一五四二年葡萄牙商船航行中國海中，遇暴風，漂泊日本種島。後來就在日本的平戶通商。當時葡萄牙人還想征服日本，也沒有成功，就在日本的九州通商。

葡萄牙人來到東方貿易的成功，就是他的商船常由軍艦護送，而且葡萄牙人所在的地方，如海港，居留地，給糧所，都有防衛的設備，就是他的商船也常常帶有武裝；所以葡萄牙的商業，是無往不利的，也是無往不占優勝的。在他的貿易中所獲得的就是香料、絹、金粉、眞珠、生藥、陶器、象牙等。

自葡萄牙在東方來貿易得到了香料、絹、金粉、眞珠、生藥、陶器、象牙等以後，於是各國的人民都紛紛到東方來貿易；當時除葡萄牙人以外首先來東方的，就是荷蘭人；荷蘭人到東方以後，就把葡萄牙人的商業奪去了大半，荷蘭人把葡萄牙人在東方的商業奪去了以後，就在好些地方也佈置了他的勢力。就我們知道的，好望角是有荷蘭人的殖民地，波斯也有荷蘭人的殖民地，波斯的荷蘭人的殖民地，是有兩處，印度有十三處，錫蘭有六處。這個時候，荷蘭人也在他們所到的地方，備有軍事的佈置，東印度的許多礮壘，都是荷蘭人築的。此外，到東方來的還有瑞典人、丹麥人、法人、英人。瑞典人、丹麥人、法人、英人，也和荷蘭人爭東方的商業權。英人因爲和荷蘭人競爭東方的商業權，曾把荷蘭人戰勝了一次，十八世紀以來，英國在東方的商業就得到優勢了，於是英人就在馬德拉斯、孟買、加爾各答各地設有經營商業的總機關。後來法國也步英國的後塵，就以笨得舍利 Pondicherry 和成得拉哥 Chandernagore 爲商業上主要的根據地。後來他們又相繼的跑到中國和日本，於是中國和日本也有他們貿易的足跡，中國也有許多的地方，做他們貿易的根據地。

【本章參考書】

魯濱遜著　何炳松譯　中古歐州史

巴格來著　美國史
大鹽龜雄著　最新世界殖民史
威爾斯著　梁思成譯　世界史綱
張國仁著　世界文化史大綱

第二十七章　人類思想的解放

王權神授說和政治的黑暗　自東西航路發現以後，人類心理大為改變，就是人類從前的心理是服從的。奴隸的，到了這個時候，就成了自由的發展的。在這人類心理改變的當中，恰有一種事實發生，完全和人類的心理大相衝突，就是王權神授說的興起。當時提倡王權神授說最著名的學者如英國的福摩Fumer他就說，「王和家長是差不多的，不過所管轄的範圍有大小的不同；家長是處理一家的事務，注意一家人的飲食起居；王是處理一國的事務，注意一國人民的飲食起居。所以王的權威，是應當絕對的獨裁，他人不可侵犯，」法首相波蘇爾Bussuel也說：「王是天之宰相，代天以行職權」所以這個時候，一般人都認王是天的代表，王的權威，就是天賦與的，無論何人都是應該服從。這種學說倡行以後，各國的國王都引以做自己的護身符。英國的國王詹姆士James第一就引用這種學說以張自己的威權，他曾著書說：「凡屬國民，都是國王的臣子，生殺予奪，都由國王任意去做。」他又說：「賢明的國王，雖應守法，但絕不應受法律的約束；而且還有變更法律的權力。」他又說：「人民既尊重上帝，就不能不服從國王，所以國王是對上帝負責任的，不是對於國會或國民負責任的。」

法王路易十四也引用這種學說他說：「國王是受上帝的命令來管理人民的，人民應以尊重上帝的心尊重國王。服從國王，即是服從上帝。若是國王賢明，人民安樂，這就是上帝的好德，人民應當崇報。若是國王庸愚，人民困苦，這就是上帝的示懲，人民也應當忍受。但是無論國王賢愚，人民不應當有限制王權和反抗國王的舉動。」這樣一來，把人類的自由的發展的心理，又要一變而為服從的奴隸的心理，這是人類極難受的一件事情。

當時國王，迷信這王權神授的學說，對於自己生活，豪放奢侈，任所欲為的。如法王路易 Louis 十四，在這個時候，就建築了一座很華麗的宮殿，名叫凡爾塞 Versailles 王宮。這凡爾塞王宮，是在巴黎城外一個小村建築的，前面是宮殿，後面是花園，亭臺池沼，都是很齊備的，周圍又建築着城市，官吏商民都在這裏居住，這宮殿建築的華麗，是在歐洲不曾見的，而建建費竟達二萬萬元之鉅。這些建築費都是路易十四剝奪人民生活而來的。

路易十四不但是建築了很華麗的宮殿，而且對於朝政還是腐敗不堪，他一天是不大管朝政的。我們看他的宮廷有三個婦人，就是梅特浪 Maintenon 胖巴多 Pompadour 德巴立 Du Barry 這三個婦人都是參預朝政的，這三個婦人不但參預朝政，而且終日導路易十四於酒色的荒淫。胖巴多又為路易十四建造一個鹿園，專意買他的歡心，所以這個時候宮闈的穢德彰聞，朝政很是腐敗不堪。而且以國家的歲入，供近幸和宮人的浪費，也是不知道有多少的。

路易十四不但是對內縱欲無度，而且對外也是好大喜功，他想恢復古代法國的天然疆界，就率兵征 Netherlands，克 Franchecomte 又率兵侵荷蘭參加西班牙王位繼承戰爭，耗費的金錢也是很多的。他這種種的耗費，都是受王權神授說的影響。於是他就隨便的向人民去徵地稅，隨便的就取用地稅；軍費和王室的經費都隨便的支出。這種種隨便的大權，就是他無限度的耗費的大原因。這種無限度的耗費最厲害的，相傳路易十五曾於一年中用去國幣一萬四千萬元之多。所以我們知道當時法國人民的生活，受王權神授說的影響是很大的，一般人民從美洲開發和東方貿易得到貧困生活的救濟，也是徒成泡幻。

當時法王不但是在財政方面很浪費，就是在法律方面也是很濫用威權，他可以任意逮捕人民，可以任意生殺人民。當時法王逮捕人民時有一種拘人手詔，名曰加封之函 Lettres，人種拘人手詔，就是法王自己不喜歡某人的時候，就隨便的用手詔去拘捕某人，他所拘捕的人，也可以不經審判而即下諸獄中；後來這種拘人手詔，不但法王可以用，就是凡與法王接近的貴族，如果不喜歡某人時，也可以向法王請求，用以拘捕人民，以洩自己的私憤。當時因著書而被這種手詔拘禁者，頗不乏人。

人類最高團體生活的新原理的發現 一般人民的生活，處在這種黑暗的政治之下，於是一般人民的心理，就對於王權神授的學說根本發生懷疑，因此，有思想的人，也就深刻的去研究國王的權力，到底是天賦與的？

還是有別的力量，別的原因呢？國王的本身，還是爲人民謀福利的呢？還是危害人民的呢？國王的權力，還是無限制的好呢？還是有方法限制的好呢？這種種問題，都是當時一般有思想的人去要研究的。

當時一般有思想的人，因爲這種種問題擺在面前，於是就極力的探求這種種問題的根源，因此，就有新知識的發生。當時提倡新知識最力的就是 Voltaire 及 Diderot。他們二人完全持着學者的態度，對於國王和政府，也不加以感情的攻擊，就是要在政治上專門探求一種新的學理。後來孟德斯鳩 Montesquieu 有一種法意的著述，闡明萬法的情義。使人民明白關於法的應當遵守的道理，給專制違法者一種當頭的棒喝。這法意一書出版以後，人民對於法就另有一種新的觀念，凡是違法的事件，在人民的公意上，就有一種相當的制裁的力量。

後來又有一個大思想家盧騷 Rousseau 他發表了一種新的思想，就是他主張人們應當返樸還眞，如果人們都能返樸還眞，人們的生活，便能得到安樂的境界。他以爲其他一切的種種作爲，都是反乎人性的，都是與人類生活的自然有妨害的。他的著名的愛彌爾 Emile 一書，有幾句話，他說：「天生萬物，莫不優良，一經人手，莫不退化。」由這兩句話。我們就可以看出他的思想來。後來他又著民約論一書，闡明人民對於政治上的權利主張，及政治結合的原理原則，很是深切透闢。他說：「人類是生而自由，生而平等的，沒有生來就給人當奴隸的，也沒有生來就給人當主人的，同時當主人的人，也有一種極大的不自由，較奴隸還是很甚的。」這種關係和變遷，盧騷以爲都是民意造成的，民意既然是這種關係和變遷的原動力，那末，政治的原動力也是民意了。於是盧騷就主張國家的統治權，應當屬諸人民，雖然人民在事實上不能直接去治理國家，把治理國家的責任應當付諸國王，或其他有能力，有才幹的人。但是立法的權，是應當要操諸人民的，因為人民是有守法的義務的。他這種民約論出版以後，從前所謂王權神授說，就根本的動搖了；國王的權威，也被擊碎無餘了。這種學說，在政治上發生影響很大，後來世界各國的民主革命，就是受這種學說影響的。

在這十八世紀的時候，改革的著作層見疊出，當時還有伊大利人 Beccaria 所著犯罪及刑法 On Crimes and Punishments 一書，敍述當日刑法的苛虐，不平，是很簡明允當的。就是當日的刑罰，對於犯罪者多是殘酷無理，就英國而論，當時英國法律所定的死刑，凡一百六十種，甚至將偷砍菓園的樹，和竊商舖五仙令以上，及偷衣袋中十二便士以上的小偷，也都處以死刑；這種不合人情的法律，未免有傷人道。於是 Beccaria 就主張審案應當公開，死刑應當廢止。他的理由說，死刑阻人為惡，不如終身監禁還有力量，而且死刑的殘酷，如斬、絞、凌遲、車斷等，容易敗壞觀者的德性。他主張刑罰要寬大，刑罰的標準，當以犯罪及於社會的危險程度為準衡。貴族，官吏犯罪的刑罰，也應當與平民同等，籍沒財產，亦應廢除。一人有罪，一人承當，若是遺累家庭，於情於理，殊為未當。他常說：「制裁人的犯罪，不如阻止人的犯罪之為愈也。」

在當時一般學者，對於經濟方面，如國家財富的來源，貨物的出產和支配的方法，貨物供求的公律，貨幣信用的功用，及貨幣信用對於手工業商業上的影響，都加以切實的研究。這種研究的結果，就發生對於實業的提倡。一般學者以爲提倡實業就是富國的上策。他們提倡實業的方法，就是重商主義。他們以爲國家財富的增加，必定輸出多於輸入才可。於是根據這種原則，就主張政府要提倡航業，發達殖民地，和規定製造業。所以當時的重商主義，就風行一時。這種理論，後來再經英法學者的研究，還覺得有欠完滿，於是就倡放任主義。他們以爲政府干涉工商業，是根本失策的。若是政府對於工商業限制過嚴，每生極不良之結果。若是政府不加限制，製造家因爲自由競爭的關係，自然不免有種種的新發明。工業的發達，一定是很快的。他們這種理論出世以後，就把重商主義者，以金銀爲國家財富的觀念根本打破了。

一七七六年，蘇格蘭人亞當斯密 Adam Smith 著原富一書，論述國家財富的來源，很是深切透闢。他以爲重商政策的進口稅，和政府補助費，限制穀米的輸出等，都是與福國利民的道理相違背。這種政策，是容易減少出產的價值。亞當斯密的這部原富的著作，是有很深切的理論，所以後來的經濟學者，對於經濟的研究，多半是根據亞當斯密的理論。

人類生活革新的努力和民權運動　這種種新理論出世以後，人類對於自己的生活，就趨於革新的努力。就是要把當時新的理論見諸實行。因此，在各國就起了一種普遍的革新運動，這種普遍的革新運動就促成了各國國王改革事業的進行。如普魯士的 Frederick 第二，露西亞的 Catherine 第二，奧大利的 Maria Theresa 德國皇帝 Joseph 第二，西班牙的 Charles 第三，他們這些人，都是曾做了一番改革的事業。普魯士的 Frederlok 第二比較是一個好文的人，他幼年就好讀書賦詩，他對於文學哲學，也有相當的研究。他喜歡著述，他的著作很多。到了即位以後，就很注意人民的生活，對於政治就很專心，早起宴眠，萬機獨理。他在改革的事業上，最大的貢獻，就是主張信教自由。他以爲新舊教徒，雖有派別的不同，而爲公民則同，所以當時國內是很安靜，人民是很樂居的。

露西亞的女帝 Catherine 第二，他的改革事業，也頗可紀述。最重要的，就是一意想把歐洲的文化，輸入到露西亞。他極欽慕當日的哲學家和改革家，他曾邀大學者 Didrot 和他同居；也曾邀法國有名數學家 d'Alembert 做皇儲的業師。他嘗與 Voltaire 通信，詳述他的改革計畫。他又把教會和寺院的財產，一概沒收。所有教會和寺院的財產的收入，除維持教會和寺院的經常費用以外，有餘款，就設立學校和醫院。

德國皇帝 Joseph 的改革事業，首先着手於鞏固國基，定德語爲國語，往來公文，一律都用德語。並廢舊日的疆域，分全國爲十三省，廢舊日各城市的特權，所有新政府的官吏，都是由中央直接去任命。他又痛惡修道士，廢止寺院六百處，沒收寺院的財產，用來做慈善事業及建設學校，並宣言婚姻屬民事範圍，與教士無涉。他也主張信教自由，又解放佃奴或減少佃奴對於地主的徭役。凡貴族教士，一律都要納稅，不得享蠲免的特權。統一國內雜亂無章的法律，關於關稅，適用保護政策，提倡工廠組織。對於國貨極力提倡，凡宮內所用的外國酒，都送入醫院，又禁止民間不得以金銀製燭臺，表示節儉，甚至禁止死者不得用棺，他的意思，以爲木材是大浪費的。

可是這些國王，所做改革的事業，都不澈底，所以人民也不能滿意，而且他們仍是大權獨攬，人民絲毫不能參預，所以人民革新精神的要求，就不能不再作進一步的運動；這種進一步的運動，就是民權運動。

【本章參考書】

李泰棻著　西洋大歷史

威廉布洛斯著　法國革命史

魯濱遜著　何炳松譯　中古歐洲史

第二十八章　人類生活的解放

民權運動的成功和王權的崩潰　民權運動，在英國於一二六五年，遇有大事發生，英國國王就召集會議求解決，當時參加會議的有貴族教士另外每區派騎士二人每城派代表二人，每城所派的代表，就是平民代表。這就是民權運動的濫觴。到了 Edward 第一時代平民代表就成了法定的代表。當時英王召集這些代表，討論的事情，最重要的，就是國稅的征收。因爲征收國稅，是增加人民的負擔，至少要得人民的同意。後來，到了 Edward第二的時候，這代表會議就鄭重宣言凡關於國王及王儲的大事，須顧及國家的利害，和人民的狀況，並須得國民的同意，所以在這個時候民權運動就很緊張的了，後來代表會議就把 Edward II 第二廢了，把他的兒子 Edward III 第三立了。

法國民權運動是始於全級會議；可是當時的全級會議不過是各階級的代表謀各階級的本身利益，對於全國的利益是不管的，到了一七八九年法王也因爲全國人民改革精神的要求，就又召集全級會議，這次所召集的全級會議，是和以前大不相同，就是要全國的國民，對於國事的興革，要有所陳述和討論。因此，當時的國民對於國事的興革，就紛紛的上表去陳述。他們陳述的大意，就以爲君權無限，是國家的大患，要免除這種大患，就要編訂憲法，規定人民的權利。於是在這次會議就有很激烈的舉動了，就是平民代表對於國事，要有澈底的改造了，全級會議原來是貴族、教士、平民三方面的代表組織的，在舊例是分別開會，到了這個時候，平民代表就不贊成分別的開會，要實行各級的聯合開會；因爲分別的開會，平民代表是不容易得到勝利的，所以平民代表就力爭要組織聯合的國民會議。因爲國民聯合的會議，平民代表可以佔百分之九十六。貴族、教士，只佔百分之四。在這樣激烈的運動的要求中，法王不得已就召集貴族、教士、平民三級代表聯合會議，而且親自出席。詳述他的改革計畫，並令三級代表仍依舊制分別開會。但是平民代表總是不肯分別開會，並宣言必待憲法成立而後散，於是法王不得已，就令貴族、教士、平民各代表開聯席會議。

平民代表爭到了和貴族、教士、聯合的會議以後，勢力大張。於是法王又下令解散議會。一七八九年七月十四日一般平民憤恨法王，就進攻 Bastille 獄，釋獄囚殺獄卒，並殺管獄者。於是巴黎城中就成了無政府狀態。十月五日巴黎男女平民數千人又攜帶武器，在護國軍護衛之下，侵入王宮，對王幾欲加害，並強迫法王回巴黎。一七九〇年二月四日國民議會把憲法編訂完竣，法王和王后卽蒞議會，宣誓承認憲法的大意，就是法王應當遵守憲法，而國民應在法律以上。法律應在法王以上。

在一六〇四年英國國會也通過三年議案，規定嗣後的國會，雖不經英王的召集，然會期至少也得三年一次。後來大會又因事提出大抗議，臚述英王種種罪狀，並要求國務大臣對於國會負責任。於是英王大爲不悅，有下令逮捕議員之舉。這個時候，國會與英王各走極端，雙方準備開戰。戰事起後，英王軍隊累次失敗。一六四六年英王竟爲援助國會的蘇格蘭軍所獲，解交國會。國會將英王拘於 Wight 島中者凡二年。一六四八年冬議會又有審判英王之提議，宣言下議院既爲人民所選舉，當然就是英國的最高機關，於是下議院就指派反對英王最力者，組織高等法院，審理英王罪狀；一六四九年正月十三日就判處英王以死刑；於是英王在倫敦 White hall 宮門外就被殺戮。這個時候，英國就成了無君主的國家。英國的國會就宣佈 William 爲英王。

階級的廢除和政治的革新　英國國會自宣佈 William 爲英王以後，國會的權力就很大了。自此以後，凡遇有國家大事，都得交由國會去議決。國會若是不予通過，就不能執行。國會權力大了以後，對於從前腐敗的政治，也有所革新了。在英國從前貴族，教士，是有很大的權力的，貴族、教士在英國政治上，是有一種特權，這種特權，就是不納稅，不當兵，不供役。他們不但不納稅，而且向人民去徵稅，不但不供役，而且向人民去徵役，此外，他們終日無事，專以畋獵、放鴿爲遊戲，他們畋獵放鴿，就都在平民的田地去實行。因此平民的田禾，就常常被他們擾害。

在當時貴族對於平民的妻，還有初夜權，就是平民在新婚以後，第一夜先得讓貴族去度夜。

自國會權力大了以後，這種腐敗的政治，就都革新了，這種階級制度，就都廢除了。同時，國會看到在當時英國和歐洲各國，宗教的爭執，是很利害的。當時爲宗教的爭執而被犧牲的人，不在少數。因此國會就宣佈信教自由。在當時著作出版，是有很大的禁例，就是凡違背國王或一部分貴族的意旨的，都在禁止之列。甚至凡是側重於平民的利益，而忽視國王或貴族的利益，也都在禁止之列，所以當時人民痛苦因此，很難宣白的。國會就宣佈著作出版自由。當時政治，無論如何黑暗，如何腐敗，人民是不敢批評的，有時人民偶一批評，即罹法網，因此，國會就宣佈言論自由。

第四篇　機器勞動求生時代

第二十九章　科學底發達

科學對於眞理的探索　科學二字，在英文叫做 Science 就是有條理、有系統的意思，這種有條理、有系統的科學，不是主觀的、唯心的、臆造的，而完全是客觀的、唯物的、實驗的。這客觀的，唯物的，實驗的科學，對於研究眞理的方法，就是要就事物的本體，加以分析或綜合的研究，這分析或綜合的研究的結果，就往往有眞理的發見。所以科學就是探求眞理的方法。世間一切的眞理，若是凡可以用科學的方法探得的，就都叫做科學。

科學的方法，據倍根 Royer Bacon 說：第一、就是對於萬物的變化，要有嚴密的觀察，才能瞭然其中的道理；因此，他就把衡量和解剖看的很重要，他說：杯水中所含各物質的多寡和性質，常人是不知道的，惟有化學家是可以知道的。第二、就是實驗，倍根以爲對於萬物的變化的道理，僅僅單靠觀察，也是不能夠眞正了解的，還須得加以人工的實驗，始能得其究竟，所以今日的科學家，都是要注重實驗的。第三、還須要有實驗的器械，就如顯微鏡之類，在自然科學的研究上，也是很重要的。

自科學方法發明以後，人類對於自然界一切的道理，都有了很透澈的明瞭，就是在從前不精確的含混的道理，經了科學的洗禮以後，就精確了。從前對於物質模糊的觀念，經了科學的洗禮以後，也就不模糊了。因此，我們就可以說，科學的發明，就是世界眞理的出現。世界眞理只有一個，經科學家發現以後，再沒有其他的人可以發現；反過來說：凡未經過科學發現的，或是科學不能夠發現的，都不是眞理。所以宗教家的靈魂論、神鬼論，耶穌基督是上帝的兒子，這種種道理，都是拿科學不能夠證明，不能夠發現，所以我們就可以斷定這靈魂論，神鬼論，耶穌基督是上帝的兒子，都不是眞理，都是宗教家的揑造。宗教家的揑造是和科學的發明不相容，有了科學的發明，宗教家的揑造就不能夠騙人。所以科學走了興盛的道路，宗教就不能不走衰敗的道路，這是自然而然的道理。

世界自有了眞理的發現以後，人類的知識，都是向眞理方面去追求，人類生活，也都是向眞理方面去推進。所以人類的活動，就成了進取的，不是以前那樣退守的，人類的事業，就成了革新的，不是以前那樣守舊的。所以自科學發明以後，人類就把好古慕古的觀念，一變而爲廢古棄古的觀念。因此，就把以前所極力崇拜的模仿的先哲，也就發生懷疑了。就如歐洲的人們在中古時代對於希臘的先哲亞里斯多德，是極力崇拜的，就認爲亞里斯多德的知識，是人類最高的知識。於是當時的一般人，對於求知方面，都是以亞里斯多德爲準繩的。在中國當二十世紀以前，也是極力崇拜孔子的，就認爲孔子是知識的萬有者，所以當時一般人的求知，也是以孔子爲準纔，對於孔子的知識，也是不敢逾越的。在這樣崇拜古人，模仿古人的時代，人類知識都是沒有進步，人類的生活，也是沒有改進。到了科學倡明以後，因爲懷疑古人對於自己就發生信任了。因爲對於自己發生信任，於是人人都有探求眞理的野心，都肯在知識上努力，這便是世界文明進步的大原因。

人類研究科學的起因和科學方法的進步　人類研究科學的起因，是先從自然界而起的。因爲自然界一切的東西，都是與人類生活有關係，所以人類因爲要求生活的安全和發展，就不能不對自然界加以深刻的認識和了解，因此便有科學的發明了。在古代尼羅河的居民，因爲尼羅河有定期的氾濫，這定期的氾濫，使尼羅河的居民，不能不注意時日的關係，因此，就發明三十日爲一月，十二月爲一年，一年三百六十日再增添五日就成了一年的曆數。

尼羅河的居民發明曆數以後，接續着又發明幾何學。因爲當時尼羅河氾濫時，常將河旁的地畝沖積或陷沒，水退以後，尼羅河的居民，就不能不再將河旁的地畝的廣袤，另行測量，因此就有幾何學的發明，幾何學發明以後，還有數學、醫學，都是當時最重要的發明。

後來亞里斯多德因爲研究動物學，就創出三段論法來，因此動物學便有進步。倍根氏以爲要了解自然界的一切的道理，非從實驗入手不可，因此，他就創出實驗的方法。他的實驗方法，我們在前面已經說過，第一就是直接的嚴密的觀察，若是觀察不能得到眞理的時候，第二步、就是用方法的實驗，若是方法的實驗再不能探得眞理的時候，第三步、就要用器械的實驗。所以科學界自倍根氏倡導實驗主義以後，就有了很大的進步。

科學上的發見和發明　天文學上的日蝕，是希臘哲人載爾士(624—548 B. C.)發明的。幾何學的定律，如勾方加股方等於弦方，和月亮的光亮來自日光的返照等說，也是希臘的哲人畢薩哥拉斯 Pythagoras 發明的。此外，還有希臘的安納薩哥拉士 Anaxagoras(500—428 B. C.)的萬物皆源於種子的學說，留錫拔 Leucippus 的物的質點不滅的學說，也都是合乎科學的道理的。但是當時因爲科學方法不完密，所以這種學說也是沒有條理，沒有系統。亞里斯多德因爲對於科學方法有發明，所以他對於動植物學就有相當的貢獻。自亞氏科學方法發明以後，各門的科學也都有相當的進步；歐几里德 Euclid(330—275 B. C.)就發明了幾何原理。亞幾默德 Archimedes(312—287 B. C.)就發明了物理學的槓桿的道理。後來又有藹律士他邱 Aristarchus 研究天文學，曾發明了地球繞日說和地球自轉公轉的學說，於是科學的知識就漸漸的發達了。自斯以後，一般學人都繼述前人的遺志繼續發見。柏林奈 Pliny(23—79 A. D.)在他所著的自然歷史中，就發明了地圓說；他的地圓說的證據，就是海船先見桅後見身。葛倫 Galen(137A. D.)精於醫學和解剖，他曾發明了感覺神經和運動神經。又有阿拉伯人奧海冷 Al-hazen 研究光學，曾發明光的反射及屈折的道理。阿拉伯人有吉倭 Geber 者，他曾習鍊金術，他的著述中關於化學者很多；他當時知道的化學方法，有蒸溜法和昇華法。蒸溜法就是蒸水爲氣復使之冷，就可以變爲純潔的水。昇華法就是燃燒固體，復使之冷，如砒霜等就可以得純潔的砒霜。他又發明硫酸，硝酸，硝酸銀，鹽酸，王水等。但是這種發明，也因當時研究的方法，未能盡善，也不是很有系統的，很有條理的闡發。自倍根氏倡導實驗主義以後，科學的方法，就很完密了，科學的發明，也就很多了。倍根氏自己就發明了虹的道理；他說：「結晶體透過日光，也可以發見虹的現象，行船所激起的水浪，日光照之，也可見虹。」當時還有物理的製造的發明，如指南針、時計、印刷等。

哥白尼 Dicolaus Copernicus 的天體運行之道路一書，是最有條理，有系統的著述。他這本書可以說是發明地動學說的，就是說，地球每日繞軸自轉一次，每年繞太陽公轉一次，於是就開了新天文學的紀元了。後來意大利人加里雷倭 Galileo 又發明了望遠鏡，這望遠鏡能放大至三十倍；自望遠鏡發明以後，對於天體的觀察，就更精密了，於是加里雷倭就發見日球有凹有凸，凸處就是崇山峻嶺，凹處就是深壑大海。他又發見太陽中的斑點，證明太陽並非是晶瑩皓潔，毫無瘢瑕的。英人祈爾伯德 William Gilbert 曾發明電學，謂玻璃、硫黃、樹膠摩擦後，都能生電；又發明磁石同性相拒，異性相吸的道理。後來脫利徹里 Evangelista Torricelli 曾發明空氣壓力，因之後來就有氣壓表的製造的發明。梅約 John Mayow 發明空氣可以助燃燒，又發明空氣有一部分可以供人呼吸，有一部分則否。又發明燃燒的空氣和呼吸的空氣是同樣的空氣，就是現在科學上所說的養氣。

英人席德蘭曾發明血液循環論，對於血液的動脈和靜脈分辨得很清楚。荷蘭人何依根 Christian Huygens(1629-1695)曾發明力學的離心力及光的四種性質，並且有很詳細的說明。到了英國的牛頓Isaac Newton(1642-1727)就算集了科學的大成，他發明萬有引力說，把宇宙一切不能解決的道理，都被萬有引力的學說解決了。他曾對於光學數學都有很精細的發明，微積分就是牛頓發明的。十八世紀以後，英國的孛拉克Joseph Black(1728-1799)柏利斯力 Joseph Priestley(1733-1804)瑞典的舍勒 Karl Wilhelm Scheel(1742-1786)對於化學的種種變化，都有很詳細的發明。自斯以後，科學上的發明，日新月異，就成了今日科學文明的世界了。

【本章參考書】

魯濱遜著　何炳松譯　中古歐洲史

張子高著　科學發達略史

湯姆生著　科學大綱

李　貝著　西洋科學史

第三十章　機器的製造

機器製造的發明和蒸汽力的發見　科學上的發明，就是人類對於自然界的道理有了深刻的了解；因爲人類對於自然界的道理，有了深刻的了解，就開始應用自然界的道理，製造各種機器以促進人類的生活。一七六七年英國人 James Hargreaves 就發明紡紗機，以一人運動機輪，同時可紡十線，就是一個人的力量，可以當十個人的工作。次年又有理髮匠名叫 Richard Arkwright 發明紡紗轆機，於是他就創紗廠，後來就成了大富人。一七七九年 Samuel Crompton 把 Hargreaves 的紡機及 Arkwright 的轆機合在一起，到了十八世紀的末年，就有同時能紡二百線的機器的發明，這紡二百線的機器，也是一二人來運用就夠了。所有這個時候手工紡線就漸漸地落伍，工廠制度就漸漸的開端。

紡線機既已發明了，織布機也就有改良的必要；一七三八年 John Kay 就有飛梭的發明。飛梭，就是織工運用機柄，飛梭就可以往來織布，完全不需人力的幫助。到一七八四年 Kent 地方有一教士名叫 Cartwright 博士又發明一個新織布機，飛梭提緯，都係自動。到了十九世紀，織布機器的改良又一天一天的進步，直到現在，一個人利用織機，就可以當二百人的工作。一七九二年美國人 Eliwhitney 發明軋棉機，每日一個人的力量，能軋棉一千餘磅，比較從前就增加了二百餘倍的力量。

但是這個時候，紡紗機和織布機，還都是要用人力發動的；有時候也藉風力和水力，但是風力和水力都是有限的，而且也是無定的。於是一般學人和才智之士，就不能不另找一種應用無窮的力量來發動機器。因此，就有蒸汽力的發明。蒸汽力的發明，吾人都知道是由英人瓦特 James Watt 發明的，可是我們細一考究，瓦特不過對於蒸汽力的應用改良進步而已。在希臘時代有數學家兼機械師溪羅 Hero of Alexandria 其人者，就發明蒸汽的力量。他說：「蒸汽的力量，是可以替代人力的，」因此他就主張用蒸汽製造機械。他著有溪羅氣體一書，說明蒸汽機之原理，所以蒸汽機的發明，也可以說從溪羅開始了。

一六〇六年，答拉坡他 Giovassni Battista Dellaporta 製一機以皿注水，發生蒸汽。一六一九年考士 Soloman Decans 另創一法，以蒸汽噴泉壓水而上。一六二九年勃蘭喀 Grovanni Branca 製一與水車相仿之蒸汽機。一六六三年山茂塞 Edward Somerset 宣布蒸汽機改造的原理。他說：「依據坡他的模型須增加二倍水箱。」一六九八年薩外禮 Savery 把以前的蒸汽機加以改造，製一吸水機，後來凡鑛場吸水，城市自來水，都利用這吸水機，這就算蒸汽機發明的進步了。

一七〇五年法人巴皤 Papin 把薩氏所製的吸水機，再加以改良，發明活塞，活瓣，安全活瓣，及內藏火箱的鍋爐等，於是蒸汽機的發明，就更為進步。

英人牛孔門 Thomas Newcomen 就採取薩巴二人的長處，另行製成牛孔門蒸汽機。牛孔門蒸汽機的構造，有鍋爐，有活塞，有汽櫃，有活瓣等。這蒸汽機的製造，就比薩氏進步，吸水的力量也比薩氏加大了。後來蘇格蘭的瓦特 James Watt 就根據牛孔門的蒸汽機的原理，加以改進，改進的方法，就是把牛氏的缺點，加以補充。牛氏發明蒸汽機的缺點，就是蒸汽機的汽櫃，是一熱一冷的，因此，蒸汽機就浪費得太多。瓦特看出這種缺點，就以汽櫃應常保持其一定的熱度，於是就添置一凝汽櫃，與汽櫃相隔而相通。當蒸汽在汽櫃中工作以後，就導入凝氣櫃中，加以冷水，使之凝結。他後來又添置一抽氣筒，用以抽去櫃內的水蒸汽，或水和空氣，使之成爲眞空。於是蒸汽機就比較完備的多了。到了一七八二年，他自己又發明雙動機，這雙動機的活塞一上一下，就可使蒸汽和眞空相交換，於是蒸汽機就更進步更美備了，後來就應用到交通上，工業上，礦業上，農業上。因此，世界人類生活就大爲改變，瓦氏的功，就永不可磨滅了

蒸汽機試用的成功和電力的發明　蒸汽機自瓦特改進發明以後，一般人就紛紛在各方面試用。一七九三年美國人富爾敦 Fulton 就想在船舶上試用，於是他就預定計畫潛心研究，起先就在色因 Seine 河試用沒有成功。後來於一八○六年又造一汽船，一八○七年就在赫貞 Hudson 江上試行，一小時間可以行五英里路，於是就定期在紐約和亞爾奔尼 Albany 間航行，這就算大成功。一八一九年就開始作橫渡大洋的航行，當時有輪船名叫 Savannah 向英國利物浦 Liverpool 駛行，前後二十五天而達英國，但是同時還張帆助行。一八三八年有輪船大西洋者，由英國 Bristol 到美國的紐約，需時十五天又十小時，載重一千三百七十八噸，於是輪船的製造就更進步了。一八○四年特雷費提克 Trevithic 就仿瓦特汽機的方法，創造一種機車以供運輸，於是就在 Stochton 和達林敦 Darlington 中間敷股鐵軌，開始試行火車，也就得到相當的成功，這就是

世界上有火車的第一次。到了一八二九年英人史蒂芬生 George Stephenson 也仿瓦特的汽機，製造火車，敷設鐵軌，於是潛心研究一八三〇年就在英國的利物浦 Liverpool 創造鐵路，就試行他所製造的火車，也就得到了成功。當時所用的火車，到現在還在達林敦車站的月台上保存着。一八八四年，巴森氏也應用瓦氏的蒸汽的道理，創造循環動機，於是就有汽輪的發明。汽輪發明以後，汽船的創造，大爲進步，人類的交通就可以遠航大洋。

蒸汽力試用成功以後，一般學者又漸漸地發明了電力，電力自英人祈爾伯德發明以後，再沒有人研究，也再沒有進步。到了格爾克 Van Gu Rico 才照祈氏的暗示，重行研究，於是就用貓皮摩擦漆桿，也能生電，於是就得到了成功。他在驗電器內銅絲下端繫金葉二片，用電桿觸驗電器，這二片金葉就向左右分開。因這二金葉所感的電性質相同，就互相推拒，這就成了後來發電機械的張本。

一七二〇年，英人葛雷 Staphen Gray 用髮絲或羊毛與紙互相摩擦，也能生電。一七二九年他又發明了能導電的幾種物質，他說：「凡是能導電的物質，都是與物質的組織有關係。因此人體也算是能導電的物質，也是電力學上的良導體之一。」一七三〇年，他和他的友人斐樓 Wheeler 用附絲的細傳電，竟達八八六公尺之遠，所以就有近代電報的發明。後來有法國人杜佛 Du Fay 者，也專研究電學，發明電性有二種：一種是明體電 Vitreous，一種是膠體電 Resinous，明體電是用玻璃或結晶體與絲綢互相摩擦，就可以得到。膠體電用松脂，琥珀或毛皮與佛蘭絨互相摩擦，就可以得到他又發明電性和磁性是一樣的，也是同性相吸，異性相拒。一七四五年荷蘭人毛審勃海 Pieter Von Musschen-Brock 和他的友人康納士 Cunaeus 試驗瓶水的感應，以一手握瓶，一手動線，使水和導體接聯，忽覺胸臂俱震，於是就有凝電瓶的發明。因他是萊頓大學的教授，所以人把這瓶，就叫做萊頓瓶。後來法國的諾萊 Abbe Nollet 也曾作萊頓瓶的實驗，在法王殿前排列衞兵百八十人，使成一行，以銅絲繫聯之，將電放射，就傳過全體。又在巴黎某寺院中，使僧侶排成九百呎的行列，來頓瓶一發，同時均驟然震動。

一七〇六年到一七九〇年，美國的弗蘭克林 Benjamin Franklin 曾在電學上做了很大的功績，他首先斥駁杜佛的兩種流質說杜佛解釋電的兩性的攝斥，謂：「有兩種流質的存在。」經弗蘭克林再三證明，這兩種流質說是根本誤謬的。弗蘭克林說：「人身上各有『常量』的電，不過由發電者的身上減去『常量』的電，而傳至受電者的身上，結果，受電者的身上的電，常甚較多，發電者就較少，多者爲正電，少者爲負電（此與今日正負之電稍異）推之，凡百物體所含的電，都是一樣。」因此，他就創立了正負的一種流質說。在一七五二年六月，他又以紙鳶通電，因此就發明了天空閃電和人造電是一樣的。一七五三年，他就發明了避雷針。避雷針就是由屋的高處裝置尖頭鐵絲而緣柱以通地下；當電擊時，就由鐵絲把電導入地中，不至轟震，屋宇就可由此保持。

英人康德 John Canton 是一個實驗哲學家，他發明正負電若得到適當的物體互相摩擦，也就能發生於同一的物體。他說：「如以橡皮摩擦半光滑半粗糙的物體，當電化時，光滑部分就為正，粗糙部分就為負，」因此，在生電機上，他就主張以汞的金類化合物，或錫與玻璃管並用，使蓄電的量增加，因而有靜電感應的發見。靜電感應，就是電化的物能傳靜電到附近不相接觸的物體，此物體既被感，更與他物體接觸，就成電化。若是第一電化物為正，這被感的物就為負；第一電化物為負，這被感的物就為正。所以靜電感應在兩種物體上，常常是相反的。後來愷文迭喜 Henry Cavendish 曾證明來頓片與片上錫箔的面積成正比例，而與玻璃的厚度成反比例。這就是以度量研究電學的開始。

法國的柯倫 Conlomb (1736–1803) 也曾做電力的試驗，他說：「電力是兩種電流的電荷 (Charge 有譯之為電量者)」他拿兩小電球試驗，測量電力和距離的關係，就發明了兩電球間的吸力和兩球所受電量的積，成正比例；而和兩球中心的距離，成反比例。

意大利人加爾文尼 Aloislo Galvani (1737–1798) 發明了動物電。當他的妻有病時，欲食蛙，他就拿蛙解剖，他的徒弟正在室中試驗電力，恰巧電棒就觸了已解離的蛙腿，於是這蛙腿顫動不已，他就見而奇怪，後來屢經試驗，就發明了動物電。

意大利人弗打 Count Alessandro Vota 又發明了動電學，於一七七五年就根據此理發明起電盤。一七七九年發明重疊電池。後來又發明了電堆和量電表，不同類的物質相接觸，就得電位差。英國的物理學家尼古孫 William Nicholson 與加萊斯爾 Anthony le Carlisle 於一八〇〇年試驗弗打重疊電池時，以連電池的銅絲的兩端，置水中，見絲端發生氣泡。他們就證明爲輕養兩氣。因此，就發明了電能分解水的能力。

電力的應用和機器製造的推廣 自電力學漸漸發明以後，後人再進一步研究，就發明了電力的應用的學理。一八二〇年德人隋柏克 Thomas Johann Seebeck (1770–1831) 就試驗以通電生熱，欲利用熱力而生電力，後來果然證明熱力是可以生電力。

法人安培 Andre Marie Ampere (1775–1836) 研究電力學就發明了電流的兩大作用；一、通電流以造磁石，二、造量電流之表度，後人就應用這種學理，發明電報，電話，電鈴等。一八四四年美人莫耳斯 Morse 就發明商業電報。一八九二八年意人馬可尼 G. Marconi 就發明無線電報。一八七六年美人葛雷 Elisha Gray 與貝爾 Alexander Granam Bell 就發明電話。英人法勒第 Michael Faraday (1791–1867) 研究電學，深信動磁必能發生電流，實驗七年，於一八三一年就發明磁石能以生電；因此，就開了電學上的新紀元。電車電燈就應用這種道理而作。在一八七九年，柏林就有電車鐵道的修築，於是世界上就開始有了電車。一八七六年詹柏洛考 Paul Jablochkow 就發明炭弧燈。一八七八年勃拉昔 C. F. Bruth 就發明電弧燈。一八四五年 E. A. King 一八四八年 W. E. Staite 他們就創製了熾熱燈一八七九年愛迭生 Thomas alva Edison 又發明炭絲燈，這個時候，電力的應用，就大大的驚人了。

自電力的應用發明以後，機器的製造，就又增了一種新的原動力；就是從前機器製造的原動力，只能用水蒸汽，自電力應用發明以後，機器的製造也往往就用電力。所以從前的火車，是只能用水蒸汽做原動力的，後來電力應用發明以後；也往往就用電力做原動力，用電力做原動力，就叫做電車。不但電車是用電力做原動力，就是在從前其他的用蒸汽力做原動力的機器，也可以用電力做原動力。用電力做原動力的機器的效能，比蒸汽力做原動力的機器的效能，要大的多了。湯姆生說：「電機車的列車，運載貨物，比通常蒸汽機的列車運載貨物的效能大。」就是蒸汽機的列車，開行的速率，每秒鐘速率的增加，不過每小時五分二英里到每小時半英里。電車開行的速率，每秒鐘速率的增加每小時一英里，到每小時一又三分一英里。所以到了半分時後，牠的行動的速率，已達每小時三十到四十英里。所以電氣工程業在現代的工業中，是很重要的，差不多在製造工廠中，從前用蒸汽力藉着鋼軸和皮帶催動機器的，現在幾完全代以電動機。就是巨舶的行駛，從前是用蒸汽機的，現在也應用電動機了。而且電的用途的推廣，不但在機器催動的方面，就是在其他的方面，如烹飪，也是可以用電的，浣洗也是可以用電的，掃除也是可以用電的，牙醫修齒的鑽，也是一定要用電的，醫士又用電磁的力量，若是遇到了工人的目為鋼片嵌入時，就用磁鐵來吸取因為電磁礦的力量，是很大的，電磁所發之力，可舉十噸之鐵。所以我們看電力是何等的偉大呵！電力的偉大，我們在美洲可以看見的，就是橫貫美洲的電車，因而電力的驅使也可以越過洛機山 Rocky Mountains；在歐洲可以看見的，就是載八百噸重的列車，也因為電力的推輓，是可以越過阿耳卑斯山的，所以就現在電力應用的推測，將來實有不可思議之境界。

【本章參考書】

魯濱遜著　何柄松譯　中古歐洲史

張子高著　科學發達略史

湯姆生著　科學大綱

第三十一章　資本的集中和資本主義的發生

資本的集中和工廠的設立　資本二字的意義，據經濟學家的解釋，謂「資，就是資財，資本就是用一定的資財來求利的意思。」但是用一定的資財來求利，不是資財的本身就可以生利，還須要有一種人的行爲底活動。人的行爲底活動，可以分爲商業的活動和工業的活動兩種。商業的活動，是一種買賣行爲底活動，就是把他人的貨物買到來，然後再由自己手裏賣出去。在這買賣行爲底活動中間，就是把自己買時所用的資本賺回來以外，還要賺相當的利益，這相當的利益的得到，便算商業活動的成功了。工業的活動，是一種製造行爲底活動，製造行爲底活動是很複雜的，就是要先有人工，工具，材料等等。但是人工，工具，材料等等，都是要用資財購買的，因此，人工，工具，材料等等，也等於資財了。在用人工，工具，材料等等來製造求利的貨品底意義上，這人工，工具，材料等等，也成了資本了。所以新經濟學家就把資本分爲貨幣資本和生產資本兩種。貨幣資本雖然不能生產，但是也可以換取生產資本。貨幣資本是可大可小的，生產資本是不可分開，不可大小的。貨幣資本多用在商業的活動上，生產資本多用在工業的活動上。

在手工業時代，無論做商業的活動，和工業的活動，所用的資本，都是很小的。當時商店有幾件貨物，幾個人工，幾間茅屋，就可以開成功。最大的商店也不過三萬五萬的資本。至於工業，在當時也不過是一種作坊制度，有些須材料，有些須人工，有刀、斤、斧、鑿、鍾，幾件工具，也就可以成功，也無須乎要很大的資本。

到了機器工業時代，就和以前大大的不相同了。商業的活動底資本，固然是沒有大小的，但是要大的時候，儘管可以大——三百萬五百萬也是可以的，一千萬八百萬也是可以的。工業的活動底資本，大也可以大，就是小也有一定的限度。這個原因，就是因爲這個時候，工業製造所用的機器，比較以前手工業製造所用的刀、斤、斧、鋸、鑿、錘等的製造，是很繁難了，所用的材料，是很貴重了。機器的製造繁難的原因，就是機器的本身，是一件很複雜的東西，要製造這很複雜的東西，就須要經過很多的手續，而且機器本身將來發動的力量，是很大的，所以製造機器的材料，也是要堅固，要精製的。製造機器不但是需要鋼鐵，而且還常常需要貴金屬，如金、銀、銅、錫等，所以一般機器製造成功，就要費很多的人工和很多的貴重的材料。因爲費很多的人工和很多的貴重的材料，所以機器的價值就很大。

在應用機器時代，欲從事工業的製造，就要用很多的貨幣去購買機器，而且還要用很多的貨幣去購買煤炭；因爲機器的發動，是要用蒸汽力的，蒸汽力的來源，是要用煤炭的熱力和水去蒸發的。因此，使用機器就要耗費很大量的煤炭，這很大量的煤炭也要用許多的貨幣去購買。不但要購買很大量的煤炭，而且同時還要購買很多的原料，因爲機器的生產是很大的，所以需要的原料，就是很多的，所以購買原料，也要用許多的貨幣。不但購買原料要用許多的貨幣，而且還要建築很大的房間去安置機器，因爲機器的製造是很複雜，所以就不能不有大房間去安置，所以建築很大的房間，也是要用許多的貨幣。因此，要從事機器的製造，就預先要有一定量的貨幣去購買機器及機器製造所需要的一切東西。這購買的機器及機器製造所需要的一切東西，在求利的意義上，就叫做資本。有了資本，機器製造的工廠就成立了。

生產量的增加和生產利益的壟斷　機器製造的工廠成立以後，生產量就大大的增加，就是從前一個人的生產，到了這個時候，就增加十個人的生產，換一句話說：就是生產的倍數增加十倍了。後來機器再爲進步，一個人的生產可以當二百人的生產，就是生產的倍數增加二百倍了。這二百倍的生產量的增加就很驚人了。但是到了後來生產量的增加，有時還到二千倍以上。亞當斯密 Adam Smith 在他所著「原富」裏說：「製造小小的一個針，就要經過十八道手續，在從前手工業的時候，工店的學徒每日三四人製造針不過二三百枚；到了機器開始發明的時候製造針已得到分工了，在一日內，十個人就可製針四萬八千枚，比較從前就增加的倍數多了。」可是到了最近的時候，每機在一分鐘的時間，就可製針一百八十枚，一個製針廠，每天就可製針七百萬枚，所需工人也不過三二人而已。從前用印字機印刷，凡排版、用墨、舖紙、都要用手。現在各城鎮的新聞紙的印刷，差不多都是全用機器，用機器印刷，每分鐘就可以得摺成的報五百餘紙。

生產量有了大大的增加，生產品的成本，自然就很低廉了。這種原因，就是(一)人工的減少，(二)原料的便宜。在從前手工業的時候，需要百人千人的製造品。到了這個時候，就只需要十人八人了，至於採購原料，在從前手工業的時候，因爲手工業的製造出產很少，所以每次採購的原料，也是很少。採購的原料少，原料的價值就比較的大，採購的原料多，原料的價值，就比較的小，機器的製造，因爲生產量的增加，就常常要採購大批的原料，因此，就能得到比較低廉的原料的價值。能得到比較低廉的原料的價值，所以在機器製造的成本上，也是要減低一部分成本的。因爲有這兩種原因，所以機器製造的出產品，就比較手工業製造的出產品低廉的多了。

機器製造，不但是成本很低廉，而且製造品也是很精美的。就縫衣來說，手工所縫的衣，就比較的粗糙，而且鬆懈；機器所縫的衣，就比較的精緻，而且堅實。就紡紗來說，紡紗第一步是彈棉，用手工所彈的棉是很粗糙的，用機器所彈的棉，就是很精細的。用手工所紡的紗是很粗糙的，用機器所紡的紗是很精細的。因此，我們就知道其他一切的製造品，都是一樣的，就是手工業的製造品，是遠不如機器工業的製造品。

因爲機器工業製造品所用的成本是很低廉，而且出品也是很精美。所以一到市場，就顯出物美價廉了。在手工業者，因虧本而不願賣的貨品，機器工業者還是很賺錢的。所以一般人民在市場上去買東西，自然就樂意去買機器的製造品，因此，機器製造品的生意，是很興旺的，手工業製造品就漸漸的衰落了，於是市場上就漸漸的沒有手工業的製造品了。所有市場上的利益，就爲機器製造品所壟斷了。

社會經濟的集中和資本主義的發生　自機器製造品壟斷市場上的利益以後，機器製造品的銷路就很大了，因之機器的製造就越要加緊了。機器的製造越要加緊，機器製造品的銷路，就越要推廣，因此，從事機器工業的工廠主得到的收入就很大了，他賺的錢就很多了。他賺了很多的金錢以後，於是他又擴充他的機器的製造，因此，他的資本就越發雄厚了。他的資本越雄厚，他的機器的製造就擴充的越大，他的機器的製造擴充的越大，他賺的錢就越多。於是社會上的經濟就漸漸地集中到他們的手裏了，就是從前工廠的設立，是三萬五萬的資本，到了這個時候，就有十萬八萬了，再經過相當的期間，就有三十萬二十萬了，從此遞演下去，三百萬，二百萬是可以得到的，就是一千萬八百萬也是可以得到的，因此，就往往造成大資本家。這大資本家就拿很雄厚的資本掠奪社會上的利益，凡是社會上有利的事業，他人不能去做的，大資本家就可以去做，他人不能賺錢的，大資本家就可以賺錢，有時候大資本家爲嫉妬心理的驅使，就故意拿他們雄厚的資本在市場上競爭，使一般資本薄弱的商人工廠主，因受競爭的影響而倒閉，於是大資本家就可以獨占市場上的利益了。

【本章參考書】

魯濱遜著　何炳松譯　中古歐洲史

第三十二章　資本主義的發達和國際侵略的發生

生產的過剩和商場的開闢　在資本主義發達，機器工業興盛的國家裏機器製造的進展，往往不可思議。資本家雖然能將自己工廠裏的生產，作有計畫的比例的生產，不至於使他的工廠的生產突飛猛進，超過了社會的需要以上。但是社會生產力的活躍總是突飛猛進的，這突飛猛進的社會生產力，是資本家料想不到的，所以資本家的生產品，就往往受社會生產力的突飛活躍的影響，常常有發生過剩的恐惶。生產品一經過剩，便等於廢物了，生產品等於廢物，資本家就要受很大的損失。

因此資本家就不能不另想方法，爲他們過剩的生產品找銷路，於是就有新商場的開闢。

新商場的開闢，多半是在機器工業不發達的地方，因爲機器工業不發達的地方，所有的生產，都是手工業的生產。手工業的生產，是不如機器工業的生產的優良，而且手工業生產品的價值，是不如機器工業生產品的低廉，所以機器工業的生產品，一到機器工業不發達的地方，便把機器工業不發達的地方的市場奪去了。

機器工業的生產品，完全奪去了機器工業不發達的地方的市場以後，於是資本家就在這機器工業不發達的市場上，租賃房屋，開設堆棧，把他們過剩的生產品，一大批一大批的運到新市場來銷售。

國際侵略的發生　資本家運載自己的生產品去向機器工業不發達的地方找銷路，也是一件極不容易的事。就是機器工業不發達的地方的人民，因爲地域的觀念，和自己利害的關係，就對於外來的商人的貨品，常常加一種歧視的態度，不是故意的留難，就是封鎖自己的市場，甚至就把外貨無理的去沒收。因此，資本家要在這些地方銷售自己的貨品，就非有軍事的準備不可。

在最初的時候，資本家的商人，就在自己的輪船上，安置着大炮機槍，以防備事變的發生。後來，就要求他們的政府，專門爲越海經商的商人，訓練海軍做保護。

資本家的商人，自有了海軍做保護以後，就盡量的把自己過剩的生產品，向機器工業不發達的地方去運輸。他們運輸的貨品，到了新市場以後，無論新市場所在地的人民拒絕或反對，他們都是掉頭不顧。他們就恃着他們政府的軍事力量，強要在新市場去貿易。若是新市場所在地的人民或國家來反對，他們就用強大的海軍力量來彈壓。萬一起了衝突，他們也不至於遭很大的損失。這種原因，就是機器工業不發達的地方，他們的海軍是沒有的，他們的軍火也是沒有的，所以一遇到有了衝突，機器工業不發達的地方的人民或國家，是一定要遭失敗的。機器工業不發達的地方的人民或國家遭了失敗以後，就再不敢來反對，甚至就把自己重要的商場割讓於人，或把自己的商場的地皮劃出來一部分租借於人。於是資本家的商人，在機器工業不發達的地方，就有了根據地。

資本家的商人，在機器工業不發達的地方，有了根據地以後，就可以安全的做貿易，於是他們就以很低廉的優良的貨品去爭新市場上的貿易權，他們得到了新市場上的貿易權以後，所有新市場上的經濟差不多都被他們吸收了。因此，他們就漸漸地握有新市場上的經濟權。他們握有新市場上的經濟權以後，他們在新市場就有了很大的勢力，因此，他們就往往左右新市場所在地的國家的政治。設使新市場所在地的國家的政府，是無能的，他們就取而代之，就像英國東印度公司滅取印度一樣。有時候，他們遇到了無組織無能力的機器工業不發達的地方的人民或國家，他們就直接的去佔領，就像英法各國對於非洲和澳洲的佔領，美國對於夏威夷的佔領。

在這種情形之下，就成了侵略的世界了，就是無論那一個國家，若是有了強大的海軍，就對於世界的各地，隨便的去侵略，因此，世界的民族，就有了壓迫與被壓迫的劃分。

【本章參考書】

魯濱遜著　何炳松譯　近世歐洲史

魯濱遜著 何炳松譯 中古歐洲史
李泰棻著 西洋大歷史

第三十三章　勞資階級的對立利勞動運動的發生

資本體系的擴大和資本階級的成立　在機器工業時代，機器工業的製造，是要有很大的資本，很多的人工，還要有很大的房屋。所以這個時候資本體系就擴大了。

資本體系擴大以後，資本家就離開勞動了，就是資本家要專心去經營資本了。因此，就有專門的勞動者和資本家。專門的勞動者和資本家，他們的利益，完全是相反的，就是資本家得到的利益多了，勞動者就得到的利益少了，勞動者得到的利益多了，資本家就得到的利益少了。所以在機器工業的時候，勞動者和資本家的利益，是常常衝突而相反的，在這衝突和相反的過程中，資本家就另成爲一個階級了。我們看林癸未夫的話，就可以明白。

林癸未夫說：「階級是有相互關係的，階級的本質，必然的是某利益的衝突、反撥、爭奪和得失。縱有一時的或部分的利益的調和；但是如果有永續的且全般的利益的矛盾衝突存在，那階級就是存在的。」資本家對於工人，就是這個情形，所以資本家就另成爲一個階級。

生產體系的擴大和勞動階級的成立　在機器工業時代，因爲資本體系的擴大，生產的體系也就擴大了，就是生產的過程的分工，比較從前精細了。在手工業時代生產是沒有什麼分工的，就是關於生產的過程的各項工作，都是由一個人去擔任，一個工匠就可以做生產的過程的各項工作，所謂學徒也不過是幫助工匠去做各項工作的。機器工業時代因爲機器工業的製造加多，需要的人工，也就加多。就拿紡紗來說：在從前手工業的時候，紡紗、織布、都是由一個人去做，到了機器工業時代，紡紗、織布就要很多的人去做，就是給棉筒裝棉要有人，司紡機要有人，整理紗要有人，織布要有人，捲布要有人，而且各項工作，同時還要有許多的人。所以在這個時候，一個工廠裏，常常是有幾百幾千幾萬工人的，這些工人都是靠雇傭的工資來生活。

但是資本家對於工人的工資，多半是不肯增大的，就是工人的工資大了。資本家的利益就小了，工人的工資小了，資本家的利益就大了，因此，資本家的所得，就是工人的所失，所以資本家和工人的利益，常常是衝突的，這種衝突在階級的意義上，工人也就另成一個階級。

勞資階級的衝突和勞動運動的發生　勞動階級和資本階級發生以後，就常常發生利益上的衝突，在這衝突的過程中，就有勞動運動的發生。勞動運動，最初是要求勞動時間的限制。就是資本家爲自己要得到很大的利益，就對於勞動的時間，加以延長，因此，勞動者就發生一種限制時間的運動。

此外，資本家對於工人的工資，不但不肯增加、有時候，還想方法去勒扣，所以勞動者又常常發生增加工資或反對剋扣工資的運動。

在勞動運動的過程中資本家和工人的中間，常常起一種紛擾的狀態，因此，使社會上常常感覺不安。往往使政府對於這勞動運動，也是束手無策。在英國對於工人要求增加工資的運動，常常是禁止的，甚至如有違反政府的禁令，以大逆不道論罪，然而勞動運動，還是常常發生的。

第三十四章　工人團體的組織和勞動生活的改善

勞動運動的理論的新發見　勞動運動發生以後，一般有思想的學者，就對於這個問題，紛紛的去研究。當時最注意研究這個問題的，就是德國的學者馬克思 Karl Marx，馬克思是很有學識的人，他的思想是很透闢的。他研究勞動運動問題，就發見了勞動力是社會生產力最重要的一部分。他說：「生產力的組織，一部分是屬於非自動的——土壤、天氣、水潤、原料品、工具、機器等。一部分是屬於人的本身的勞力發明、創造、機師等。在這種生產力中，尤以用苦力的勞動和用心思的勞動為最重要，所以這用苦力的勞動和用心思的勞動，就形成了生產力的中心力量。馬克思就認這中心力量是社會上最重要的力量，因此，認勞動運動就成了社會問題的中心問題了。他以為這社會問題的中心問題，是人們萬不可忽視的。

其次，馬克思又看到勞動運動的對象，是資本階級，於是他就對於資本制度，加以深刻的研究；他費了五年的功夫，著了一部資本論，對於資本制度，就有了深刻的闡發。他說：「資本，是不能生產的，資本家所得的租、利、息、都是一種餘值。這種餘值，就是價值的一部分，所以也叫做剩餘價值。這種剩餘價值的來源，就是勞動者所生產的一部分，在資本制度中勞動者所生產的一部分，就被資本家完全扣去了，資本家不付相當的報酬而扣去勞動者所生產的剩餘價值完全是一種掠奪的行爲，所以資本制度，就是一種掠奪的制度。由這種掠奪制度所得到的剩餘價值，就是資本家所得的租、利、息。所以租、利、息，就是資本的源泉」照馬克思的意思就是資本家所得的租、利、息、都是不正當的。

馬克思對於資本制度生產的性質，也有很透闢的發論。他說：「資本制度的生產，是以賺利爲目的的，這以賺利爲目的的生產，是不管社會上的需要，就是凡能賺利的東西，雖不是社會上所需要的，資本家因爲自己賺利的關係，也就設法去生產。反過來說：凡是不能賺利的東西，雖然是社會上所需要的，可是資本家在他的賺利的立場上，也是不肯設法去生產的。所以資本制度的生產，是不合乎社會的需要的，是與社會的需要背道而馳的。」

工人團體的組織和對於政治的活動　勞動運動，自這種種新理論發現以後，便有所憑藉了，因此勞動運動就比較以前激烈了。就是勞動者對於資本家有所要求的時候，就實行聯合運動的要求。

在聯合運動要求之下，資本家對於勞動者的要求，也是有相當的容納。但是這種容納，到了勞動的狀況有了變更就取消了。就拿增加工資來說，資本家對於勞動者的工資，在壯年的時候是增加的，一到老年，便不增加了。對於健康的工人是增加的，一遇有病，就不增加了。有時候工人因爲勞動，肢體受了損傷，不能做健全的工作，也就不肯增加，不但是不增加工資，而且遇到工人有病，不能工作的時候，或肢體受了傷的時候，資本家還要扣除他們的工資。因此勞動者爲抵抗資本家就組織永久團體，這種永久團體，就是工會。

自工會組織成功以後，勞動者的利益，就得到維護了。但是工會對於勞動者的利益的維護，仍是有限的，於是勞動者又進一步組織政黨，從事於政治的活動。在英國勞動者組織政黨，從事於政治的活動，他們就規定黨綱。他們黨綱的規定：

一 對於五千鎊以上的財產，課以累進稅（卽所謂資本課稅案）

二 減低 Death Duty 及 Supex Tar 的增率。對於每年收入在二百五十鎊以下的人，減低稅率。

三 徵收土地價格稅。

四 安插失業者和增加慰勞金。

五 增加勞動者及農業者的工資。

六 增築房屋。土地。鐵路等，收歸國有。

七 增加勞動企業管理權。

八　平等男女性的參政權。

勞動階級政治地位的獲得和對於勞動生活的改善　英國工黨在一九〇六年就從事於國會選舉的活動，當時工黨黨人被選而為國會議員者有五十人之多，這五十人在國會裏聯絡自由黨人，就實行他們改革計畫。因此，就有勞工法律的頒布，這種勞工法律頒布的目的，就是以減少勞役、貧苦、失業及工業危險為目的。這種法律的條文，就是把一八九七年工人報酬議案 Workmen Compensation Act 的條文，推廣於農工及家庭僕從。規定凡工人因工作而受傷者，除這種損傷因工人有意惡行自取其咎外，工業雇主須給以賠償。同時國會又議決勞動黨的基金，免其負有因同盟罷工或他種衝突而發生損害賠償的責任。後來又經過二年，國會又議決凡工人在地下礦中工作，或因工作而往來的時間，在任何二十四小時中，不得超過八小時。

在一九〇八年，國會又通過養老金法律案的條文，就是英國人必須年在七十歲以上，個人收入不超過三百元以上者，得給以養老金。凡每年收入不超過二百元以上者，得給以最高的養老金，但是最高的養老金，每週不得超過二元五角；若是刑事犯及不願工作以自存者，不給以養老金。

在一九〇九年，國會又議決設立傭工介紹所於全國，以救濟失業工人；這傭工介紹所就是徵求雇主需要工人及工人需要工作的消息，以便彼此介紹。並規定凡工人遠赴他處工作者，政府得酌量貸以旅費。

於同年(一九〇九)國會又議決設立各苦工 Sweated Trade 如成衣、織花邊、造箱等——的董事部；這董事部包含有工人的代表，雇主和政府所派的代表；董事部的職權，就是規定定期工作及臨時工作的最低工資。雇主和工人間，不得私自另定更低於董事部所規定的最低的工資；假使雇主給工人以更低於董事部所規定的工資，就要處以很重的罰金。

一九一一年國會又通過國家保險案，這種保險案，關於工人部分的，就是規定，凡工人（除從事手工者及每年收入在一百六十磅以上者）都要受強迫的實行各科疾病的保險，這保險基金，就是工人，雇主，和政府都得供給。凡經過保險的工人，可享下列之利益，就是疾病的醫治，肺癆的療養，病中的薪給，殘疾的津貼，凡為母者生子女一人，就得領仙令三十枚。——所以英國自工黨在政治上得了地位以後，頗使勞動者的生活，得到了改善。

【本章參考書】

劉秉麟著　各國社會運動史
顧樹森譯　最近世界各國政黨
呂濱遜著
何炳松譯　近世歐洲史

第三十五章　社會主義底興起和運動

社會問題的發生和研究　懶惰、遊蕩、失業、欺騙、盜竊、搶劫、賣淫，都使社會上遭受不安，所以懶惰、遊蕩、失業……就成了社會問題。失業是自己想務職業而找不到職業；懶惰、遊蕩、是自己有職業而不去務職業；這想務職業而找不到職業和有職業而不去務職業，都是造成貧困的總因。但是一個人爲什麼有職業而不去務職業？一個人爲什麼想找職業而得不到職業？於是就有人說：這是由於人性不良，因爲人的天性，就是好逸惡勞的、所以有職業就去怕務職業；有人說：這是由於社會制度不良，因爲社會制度是產業私有制。所以就不能自由的去找職業。因此，人性不良論者，就主張用教育的方法和理論去改變人性，使人把好逸惡勞的心理去掉就好了；社會制度不良論者，就主張用社會改造的方法和理論去改變社會的制度，社會制度改良了，人們自然就有職業可做。我們看這兩種學說，都是對症下藥的，都是研究社會問題最重要的學說；但是比較起來，尤以社會制度不良爲研究社會問題的中心理論。因爲好逸惡勞的人，也是由於社會制度不良造成的，好逸惡勞的心理的發生，是超越生活問題以上的，就是生活問題有了把握，好逸惡勞的心理就會發生，若是生活問題得不到把握，好逸惡勞的心理，就不會發生。但是生活問題，如何才能得到把握，如何就得不到把握，這就涉及社會制度的問題了。社會制度若是私有財產的制度，那末，私有財產豐富的人，他的生活就有把握，私有財產不豐富的人，或沒有財產的人，他的生活就沒有把握。他的生活沒有把握，就只得是爲生活而去勞動，所以他的好逸惡勞的心理就不會發生。這樣看來，人性的良不良，是沒有多大關係的，最重要的就是社會制度的問題，所以社會制度的問題，就是社會問題的中心問題。

社會制度的問題，成了社會問題的中心問題以後，一般學人就都紛紛的去研究社會制度的問題的改良方法。

研究社會制度的問題的改良方法的人，第一位，就是亞丹斯密 Adam Smith。亞丹斯密是一個反對國家論者，他主張人們的經濟生活，是不要國家來干涉的，是應當任憑由個人的利己心和自然的由來支配；所以警察是不必要的，國家的任務，只限於保護財產。至於資本和勞動底關係，資本家應當受人道和正義的指導，給勞動者以較好的工銀和勞動條例。他這種主張，完全是一種自由主義的思想，所以有人就把他叫做自由主義者。

第二位，就是遮列美邊沁 Jeremy Bentham。邊沁不但是反對國家，而且也是反對共產主義者。他認爲任何制度是不能使各個人都能夠滿意的，只好求最大多數的最大幸福，他說：「無論是何種的社會，何種的國家制度，能得到最大多數的最大幸福，就算是好制度，否則，就是不好的制度。」他以爲能得到最大多數的最大幸福的制度，只有民主主義。民主主義是各個人都應有參與政治的權利。他以爲各個人都能夠參與政治，便能追求各個人的安寧和幸福。所以他這種主張，完全是一種幸福快樂的主張，因此，就有人把他叫做樂利派。

第三位，就是託馬斯士賓士 Thomas Spence。託馬斯士賓士研究社會問題，完全趨重於土地改革論。他主張土地改革的理由，就是說：人類在原始時代，土地是共有的，後來經過貪慾，暴力，破壞了共有的自然狀態，造成土地私有的財產。又因自己的勞動，造成在動的事物上的私有財產。這樣一來，就把原始的共有的自然狀態，完全打破了，就造成私有財產的制度了。私有財產制度成立以後，社會上就分出貧者富者。產生極大的對抗；更且惹出了我慾、支配慾、金錢慾、詐欺、榨取、賣淫、種種的痛苦。他以為要免除這種種痛苦，就有大改革的必要，所以他就極力主張土地改革論。他的土地改革的方法，就是由地主的手裏取出土地。歸還社會，達到原始的共有狀態。

第四位，就是威廉哥德溫 William Godwin。哥德溫是一個無政府共產主義者。他是反對國家權力和私有財產的。他說：「道德的社會生活的最大的障礙物，就是私有財產和國家權力。」他又說：「私有財產的支配，使我慾為人類行為最強的動機；從此生出不正、無智、殺戮、戰爭、及人類的和國民的憎惡。人類因此遂不能達到目的所期的幸福。於是他就主張對於人類的這種生活要加以救濟，救濟的手段只有由私有財產的廢除，和經濟平等的建設；私有財產若是能真正得到廢除，經濟平等若是能真正得到建設，人類的目的所期的幸福，才能得到。但是他的救濟手段，卻不是用暴力的和強制的，是要用啓導和教化的；使人要相信私有財產的廢除是對的，私有財產廢除的社會，是良好的社會，是能得到最大的幸福的社會。

後來又有一位沙爾傅立葉 Francais Maris Charles Fourier。他對於人類的活動和幸福，是有極深刻的觀察。他說：「人類的衝動和熱情，總是善良的，這衝動和熱情，是在自由的活動舞臺引導人於幸福；但是這自由的活動舞臺，是要有適當的社會制度才能保證的。」他又說：「人類生活的傾向，應當依着結合的協作的經濟和生活方法，才能達到完美的地步。」他對於婚姻問題，認爲過去的婚姻，是虛僞的，是以婦人爲奴隸的，所以他就主張自由戀愛。他曾著有新產業世界一書，對於勞動的生產，也有極深刻的研究，所以也爲社會改造的理論的重要著作。

在沙爾傅立葉以後又有一位聖西門 Claude Henri Saint Simon。後人把他叫做資產階級的學者，又把他叫做經濟的自由主義者。他認爲人類的生活產業是很重要的，所以他對於產業階級極力推崇；他說：「對於社會的幸福有最大影響的，不是政治的憲法，而是財產權……財產權是社會的建築的基礎。」可是他雖然把財產看的很重要，但是他仍以爲產業階級的財產，是由正當的生產得來的；同時他認爲勞動力是產業的根源，所以他對於生產的勞動者，也是十二分的表同情。他的生涯，到了最後的數年間，專爲勞動者幸福壓倒其他一切興味。他是一個教徒，他在將死的時候，出版一種新基督教對於改善極貧階級的損害的方法，敍述很詳，並規定了資本和勞動的關係。所以他也算是對於社會問題極關心的，對於人類生活，是有相當認識的。

社會改造底理論的獲得和社會主義的成立　聖西門、傅立葉、哥德温、士賓士、邊沁、亞丹斯密，他們這幾位都是對於社會問題有相當的研究；但是他們所研究的；只就社會問題的本身的解決方法，加以相當的研究，而對於社會問題的本身的理論沒有深刻的切實的闡發。所以他們得到的方法，也是不完全的，不能夠眞正的解決社會問題。

到了羅巴特歐文Robert Owen研究社會問題；對於社會問題的觀察，就認爲勞動者的本身，是一切的社會問題的根源；勞動者本身生活若得不到改良，一切社會問題就會發生。罷工、遊行、暴動，都是由勞動者本身生活問題得不到解決而發生的。貧困、失業、搶刼、盜竊，也都是由勞動者本身生活問題得不到解決而發生的。勞動者本身生活問題得不到解決，就往往流於貧困、失業、搶刼、盜竊，這是必然的；因此，就造成社會上其他的一切的罪惡，這是歐文最痛心的。於是歐文就用他的觀察和經驗，對於勞動者本身生活，行一種極大的改良。他改良的方法，就在新拉拏爾克成立了一個工場村，他在工場村就設施他對於勞動者本身生活改良的方法。他種種改良的方法，可以分爲四項來敍述，第一項、就是他認定勞動者本身生活要改良，就先要受教育。因此，他就在工場村建築了一個幼兒學校，使勞動者的子女，都要上學。他教育的方法，就是把教育的基礎，完全置在直覺和觀察的上面，他廢止了賞罰，使少女在體操的時候，少女在家計物的時候，都能接受教育。第二項、就是他認定勞動者的勞動，沒有確定的時間的限制，也使勞動者的生活很受痛苦的。於是他就確定了十點半鐘的勞動時間，又確定了十歲以下的幼年是不能用於工場的。第三項、就是他認定勞動者是要極力講求衛生的，於是他在工場內和工場村都極力的實施清潔和衛生的設備。而且爲減少勞動者的消費，於是就在工場村把好的商品，依消費合作社的制度，以廉價發賣。第四項、就是他認爲勞動者一遇疾病或到老年的時候，是非常可憐的，於是他就實施勞動者疾病和養老年金。在一八〇六年發生恐慌，工人多半失業，歐文就依他救濟工人的計畫支付工銀於勞動者，直到恐慌過去爲止。這都是歐文實施勞動者本身生活改良有效的方法。

歐文這種方法，是有新的思想，新的理論，因爲有新的思想新的理論，所以就有很大的成績。

自歐文這種方法成功以後，就爲世界人大注目。各國的人前往參觀者很多，因此，歐文就成爲有名的社會主義者。社會主義 Socialism 這個名詞，也是從歐文才有的。所以歐文就是社會主義的開山始祖。

歐文後來又看到英國的工業一天一天的發達，失業的勞動者也一天一天的加多，於是貧困、怨恨、不平的聲音充滿了社會。這貧困、怨恨、不平的聲音，並不是從社會的生產不發達而來的，實在是由機械的生產力的增加和財富的增加製造出來的。因此，歐文就悟到這個時候的社會問題，就不在生產的領域，而在分配的領域，就是社會問題就不在生產的貧乏，而在分配的不均，於是他的社會主義的理論，就更進一步。

歐文的社會主義的理論既然是更進一步，於是他就根據他進一步的理論，要求他社會主義的實行。可是他對於社會主義的實行，是不主張階級鬬爭的，他是主張用啓蒙的教育和平和的境域的變化來實行他的社會主義。因此，他就以爲要他的社會主義的實行，是要建設共產主義的殖民地，於是他於一八〇二年，就退出實業生活，一方面在美利加，一方面在英吉利，就建設共產的殖民地，但是結果都失敗了。

自歐文倡導社會主義以來，社會主義的思想就很風行。英國的政府對於歐文的社會主義的思想，也有所採用。但是到了後來因爲立場不同，就分出許多的派別。就是歐文的社會主義，是一種雇主對工人實施的社會主義，於是後來的人就把這種社會主義叫做雇主的社會主義。雇主的社會主義，其原動力是他動的，其性質是開明的，其形式是父權保育的。這他動的、開明的、父權保育的社會主義，是後來社會主義家所不滿的。後來的社會主義，是要勞動階級自己去倡導實行的，因爲要勞動階級自己去倡導實行，所以後人就叫做勞工的社會主義。

勞工的社會主義，後來，到了馬克思更有了深切的理論，馬克思是一個富有歷史思想的人，他說：「人類的階級制度，在古代就有的，不過古代的階級，到了現在快要解體了。古代的階級解體以後，就必有新興階級起而代替。」這新興階級在馬克思的意思，以爲勞動者是和資本家對立的，勞動者在他的意識上，將來必定結合而爲一階級，以和資本階級相對抗，這便是馬克思意想中的新興階級了，馬克思認爲人類旣有階級。就有鬬爭，勞工的社會主義的實現，是要靠階級鬬爭實現的。

在勞工的社會主義以外，當時還有許多的社會主義的派別；就如國家社會主義，工團社會主義，同業公所社會主義。……國家社會主義，就是主張以全國實業由政治機關經營；工團社會主義和同業公所社會主義，是主張各類的實業的經營，其大部分的權力，應屬於各業中的各級工人；但是這種工人，是包括經理和董事說的。同業公所社會主義，其實是和新資本主義差不多的，就是各業中的工人和職員合組的委員會代替昔日的私人資本家，所以這個委員會，可以說，就成了集體的資本家。

同業公所社會主義，工團社會主義，國家社會主義，勞工的社會主義，雇主的社會主義……這許多的派別，雖然是各有各的主張，但是他們既然都稱爲社會主義，自有共同的思想，共同的理論。

巴洛威斯基 Baranowsky 說：「社會主義就是人人參加社會的勞動，且有享受其勞動的果實的平等的義務和平等的權利，藉使社會成員的一部分不能搾取他部分的經濟秩序。」

奧伯海馬 Oppenheimer 說：「社會主義是一種信仰，一種努力，其所信仰與努力的，是由一切的剩餘價値解放出來的經濟秩序。換句語講：就是對於一切的勞動，確保其全所得，而地租、及資本收益等已經消滅的秩序。」

就以上這兩個定義來看，社會主義完全是一種生活平等的主義，換一句話講：就是平等的生產，平等的享受。因爲要求平等的生產，平等的享受，所以對於坐收利潤和地租的資本家、地主，是要打倒的。打倒資本家和地主的目的，就是要建設平等的生產，平等的享受的社會秩序。平等的生產，平等的享受的社會秩序的建設，要有一種力量去推行。這種力量，若是和平等的生產，平等的享受的社會秩序的建設的思想，結合一起，就成了社會主義。

社會主義的運動 社會主義的運動，在其過程中，有兩種方法去進行：一種方法，就是和緩的漸進的方法，一種方法，就是暴動的革命的方法。和緩的漸進的方法：一方面是用宣傳的作用，使一般人都能夠信仰社會主義，接受社會主義。若是信仰社會主義，接受社會主義的人多了，舊社會的勢力，就漸漸地崩潰，舊社會的制度，就漸漸地破壞。一方面是用政治活動的方法，去在政治上求得地位。在政治上有了地位以後，也可以用政治的力量去實行社會主義。但是用政治力量去實行社會主義，是很緩慢的，一時不能成功的，於是社會黨人就在這種方法以外，用一種急進的暴動的方法，這急進的暴動的方法，便是社會革命了。社會革命的目的，就是馬上要推翻現行的社會制度，造成平等的生產，平等的享受的新社會。平等的生產，平等的享受的新社會，就是要把全國的一切的財產都要沒收，把全國的一切的財產都要屬於國家所有。換一句話講：就是要把全國的一切的財產要用國家的命令來支配。不但是要把全國的一切的財產，屬諸國家而由國家的命令來支配；就是個人的生產力也是要屬於國家，而由國家的命令來支配。不但是個人的生產力屬於國家，同時個人的消費也要由國家去担負。這便是各盡所能，各取所需。這各盡所能，各取所需，便是共產主義了。所以社會主義做到這各盡所能，各取所需的地步，便就成了共產主義了。我們看斯太英 Lorenz von Stein 區別社會主義和共產主義不同的地方，就可以知道：

斯太英說：「社會主義，是使勞動支配資本，使勞動登於首位，使勞動成爲社會的指導法則之一切體系，一切思想，與一切要求。因此，社會主義是平等的社會的理念之第二體系，是成立於勞動對於資本的支配之內。共產主義，是欲以私有財產的絕對的廢止，與全社會成員的財貨公有之單純的法則爲基礎，建設本然社會的生活體系，承認此種原則的一切體系及思想，乃構成了共產主義。因此，共產主義在其一切的形態上，都是平等的社會的理念之未熟的第一體系，又是最初在社會秩序及個人的財產上，應用此平等的理念的。」

由此，我們可以看出共產主義不過是極端的社會主義，這極端的社會主義，後來在社會革命運動上，是很激烈，很急進的。

【本章參考書】

德國俺伯亞著　胡漢民譯　社會主義史
威爾斯著　梁思成譯　世界史綱
魯濱遜著　何炳松譯　近世歐洲史
林癸未夫著　周憲文譯　社會政策新原理

第三十六章　共產主義的運動和法西斯主義三民主義的產生

共產主義的運動及其經過　共產主義發生以後，就有一部份勞動者從事於共產主義的運動。在一八六四年法蘭西、英吉利、意大利、德意志等各國的共產主義的勞動份子，就在倫敦舉行第一次的國際聯盟。當時各國都派代表出席，共產主義的理論家馬克思也曾代表德國親自出席，於是共產主義第一次的國際聯盟就算成立了。共產主義者第一次的國際聯盟成立以後各國的代表就都紛紛的去在各國實行共產主義的運動。在一八七一年，就發生了巴黎公社的革命。巴黎公社的革命、結果是失敗了。在巴黎公社的革命失敗以後，共產主義者第一國際就無形消滅了。在一八八九年，共產主義者，在巴黎又創立了第二次的國際聯盟。在這第二次國際聯盟成立的當兒共產主義者的內部，就發生意見的紛歧，於是一部分共產主義者——無政府共產主義者——就宣告退出。自這第二次國際聯盟成立以後，世界就發生大戰在共產主義者的立場上，對於這世界大戰問題，無論如何是不應當參加的，可是結果各國共產主義者也都紛紛的去參加。自各國共產主義者參加世界大戰以後，共產主義者的內部又形分裂了，就是一部分的共產主義者，對於參加世界大戰表示不滿，而且彼此攻擊，所以第二次的國際聯盟，也就無形消滅了。自共產主義者第二次的國際聯盟無形消滅以後，各國的共產主義者都銷聲斂迹，不肯再積極的努力去革命。這個時候，俄帝國因為參加世界大戰，兵士疲敝不堪，而且俄帝國的內政，素日就爲一般人民所不滿，因此，俄帝國的共產主義者，就在列寧的指導之下，實行共產主義的革命。在一九一七年十月就完全把俄帝國實行推翻了。自俄帝國的共產主義者，把俄帝國推翻了以後，於是就想根據共產主義的理論，實行世界的革命，因此就聯絡世界弱小民族及各國的被壓迫階級，實行對於帝國主義的革命。在這種運動的進行中，他們就組織了第三次的國際聯盟，他們想以第三次的國際聯盟做領導的機關，來實行打倒帝國主義，促進世界革命。可是結果，也都失敗了。

法西斯主義的產生　在一九一四年歐洲大戰發生以後，意大利民族受協約國的攻擊，正在危急存亡的時候，共產主義者大事活動，使意大利民族內外感受不安。於是墨索里尼因意大利民族的要求，於是起而爲法西斯蒂運動。法西斯蒂運動的目的，就是專門要撲滅共產黨。這個時候，意大利的共產黨就受了很大的打擊。共產黨的勢力，就大大的減殺。因此，墨索里尼就爲一般人所歡迎。所愛戴，於是他就在意大利執掌了政權，並且一身兼任數要職。但是這個時候，法西斯蒂的運動，不過是反共產黨的集團，並沒有什麼主義。到了墨索里尼執政以後，對於意大利人民的生活，就有種種的改善；如改良全國鐵道，謀內外交通之便利，爲工業農業開闢水源地；振興內海航業，反對地方小企業，助長國家大企業。在社會政策上，贊成獎勵企業，提倡增進國富，反對社會主義及市有制度。在社會主義的理論上，完全是確認私有資本與私營主義，以及營利的自由競爭主義，並且認定私有財產是一種經濟的自由。這經濟自由，是適合於最善的社會之目的，就是把經濟發達的負擔，完全委之於個人自由競爭。因爲個人自由競爭，是有利於國產及消費雙方面的。但是同時認定私人財產的發展，也是於社會有害的，所以對於私人的財產，也要設法限制。對於私人財產限制的方法，第一、就是要避去現在資本主義下私人企業所常常發生的生產過剩。第二、是要防止極少數企業家的壟斷——將大量物品儲藏起來，使社會上需要孔急時，便奇貨可居。把價格特別提高。第三、要防止無限專利品的管理權，並注意發明家的培植。第四、要防止投機者與大商人的操縱價格。第五、要防止奢侈品的濫製。第六、要防止財富被一部分人專門享受。這種種方法和理論，就構成一種思想的體系，這便是法西斯主義的產生了。

三民主義的產生　在一八六四年，各國的共產主義的勞動份子，在倫敦舉行第一次的國際聯盟以後，共產主義的思想，差不多就普遍了全世界，當時中國民族內受異族的壓迫，外受帝國主義的侵陵，對於這種思想的潮流，大有接受的可能。在一九〇五年孫中山先生組織興中會及同盟會，提倡革命，就宣言打倒韃虜，恢復中華，建立民國，平均地權。

一九一七年蘇俄革命成功，中國一部分青年醉心於共產主義，如醉似狂。但是世界共產主義的份子，是四分五裂，各挾其說，互相攻訐。於是孫中山先生看到這一點，就以爲馬克思的學說，一定有不完全的地方，於是潛心研究，就看出馬克思學說的毛病。他說：「馬克思研究社會問題，所有的心得，只見到社會進化的毛病，沒有見到社會進化的原理，所以馬克思只可說是一個社會病理家，不能說是社會生理家。」又說：「人類求生存，才是社會進化的原因，馬克思認定階級戰爭是社會進化的原因，這便是倒果爲因。因爲馬克思的學說，顚倒因果，本源不清楚，所以從他的學說出世之後，各國社會上所發生的事實，便與他的學說不合，有的時候，並且相反。」

因此，他就參酌各種社會主義的理論，並按照實際社會的情形，創出三民主義。三民主義的原則，是以人類求生存爲歷史的重心，爲社會進化的定律。所以他在三民主義的原則上，就認定社會的利益，是各個有用的有能力的勞動份子，創造成功的，並不照馬克思把社會的利益完全歸功於一部分的工人。又認定社會經濟利益調和，人類才能得到生存，社會才能進化。並不照馬克思把社會進化，完全歸之於階級鬪爭。

他在社會經濟利益調和上，就主張平均地權，節制資本，他說：「我們國民黨的目的，就是要把社會上的財源，弄到平均，所以民生主義就是社會主義，也就是共產主義。」又說：「俄國實行馬克思的辦法，革命以後，行到今日，對於經濟問題，還是要改用新經濟政策。……中國的社會經濟問題，又怎麼能夠行馬克思的辦法呢？」所以他要把社會上的財源，弄到平均，除平均地權以外，同時還要實行節制資本。他節制資本的辦法，是先要發達國家資本，就是要把大實業和工廠都收歸國有，所得的利益，歸人民大家所有。他以爲能夠這樣做去，人民便得享資本的利，不致受資本的害。

他又說「我們三民主義的意思，就是民有、民治、民享。這民有、民治、民享的意思，就是國家是人民所共有，政治是人民所共管，利益是人民所共享。」所以他主張的三民主義——民族主義，民權主義，民生主義——在人類求生存的意義上，是一貫的、整個的。

【本章參考書】

蘇柯羅夫著　朱應會譯　俄羅斯的革命經過
德國俺伯岀著　胡漢民譯　社會主義史
魯濱遜著　何炳松譯　近世歐洲史
孫中山先生著　中山全集
蕭文哲著　法西斯蒂及其政治

第三十七章　弱小民族的復興運動和三民主義的革命

弱小民族的覺醒和復興運動　弱小民族在國際侵略之下，感受帝國主義的壓迫，就有一種覺悟的運動，這覺悟的運動，就是復興運動，復興運動是一方面要抵抗帝國主義的侵略，一方面要努力自己的生產。就像印度民族，印度民族感受英帝國主義的侵略和壓迫，就發生一種復興運動。印度民族的復興運動，簡單的說來，就是不合作主義運動。不合作主義，就是把自己的勞動力，完全用於自己的生產上，換一句話說：就是自己生產，自己消費，完全與帝國主義的經濟斷絕關係。所以印度民族，自甘地倡導不合作主義運動以後，英帝國主義就受很大的打擊，對於不合作主義運動，就要加以取締。因此，甘地常常就有被監禁的事實。可是甘地被監禁一次，印度民族的反感就增加一次。最後印度民族就組織一獨立黨，以做印度民族復興運動的基礎。

又像高麗民族的復興運動。高麗民族受日本帝國主義的壓迫，無故強要會面，是要處罰；加入團體，也要處罰；聚衆濫向官署請願或陳請者，也要處罰；爲不穩的隱語，或放吟不穩的文書，圖畫或詩歌者，也要處罰。因此，高麗民族也就發生一種復興運動，高麗民族的復興運動，是很激烈，革命機關，到處皆有設立，所謂保安會，獨立協會，與國協會，一心會，大韓協會，青年敢死團，西北學會等，都是如火如荼的。所以日本帝國主義對於高麗民族的復興運動，也是要取締的。在一九一九年三月，高麗民族開公民大會於韓都，舉行示威運動，日本就以暴力壓迫，死者萬人，入獄者數十萬人。從此，高麗民族對於日本帝國主義的反感就更深了，反抗日本的運動，就更激烈了。於是每年常有暴動和暗殺的事件發生。甚至高麗民族受日本帝國主義的暴力的壓迫，在本國不能舉行運動時，就在國外去舉行。

又像土耳其的民族復興運動。土耳其民族自十七世紀以來，就受英、俄、法諸帝國主義的侵略和壓迫。在一九一四年，歐洲大戰發生，土耳其爲抵抗俄帝國主義的侵略，就加入同盟國方面去作戰，結果，同盟國失敗了。協約國就對於土耳其施以更強大的侵略。這個時候，土耳其所受的損失，是很大的，就把阿拉伯的行省和埃及的宗主權都失掉了。托勒斯河以南之亞洲行省也概由協約國派兵去駐守了。達大尼爾海峽，也准許協約國兵艦航行。不但如此，協約國為促進土耳其的滅亡起見，就指使希臘軍隊擾亂土耳其的本部，所以這個時候，土耳其民族就到了危急存亡的時候。而協約國又訂了塞佛爾條約，不啻就宣告了土耳其的死刑。加以希臘軍隊曾在土耳其境內橫行騷擾，於是土耳其的民族復興運動就如烈火的爆發起來。領袖默斯脫弗凱末爾 Mustafa Kemal就率領國人驅逐希臘軍隊，結果，就把希臘的軍隊完全驅逐出境了。協約國方面，如英、如法、如意，都對於土耳其的要求讓步了。於是土耳其就完全自由獨立。

臺灣民族，安南民族，菲律賓民族，阿拉伯民族，敍里亞民族，荷屬東印度民族，也都有一種復興運動。臺灣民族的復興運動，是歐戰以後才發生的。在歐戰以後，民族自決的空氣很濃厚，於是臺灣民族也就起而為復興運動。

安南自被法帝國主義壓迫以後，民族復興運動也是常常發生的。如梁玉狷在一九一七的阮泰起義。一九一三年范鴻泰之謀炸安南總督於沙面。這也都是一種民族復興運動。到了歐洲大戰以後，民族自決的口號，高唱入雲，於是安南民族的復興運動，也就勃發了。一九二六年安南革命黨就成立了安南民族獨立黨。因此，安南民族復興運動，也就有了中心。安南民族復興運動，有了安南民族獨立黨做中心以後，安南民族復興運動，就很活躍。

菲律賓民族的復興運動，就是向美國要求自主，到現在雖然還沒有得到，可是菲律賓民族仍在繼續的要求着。

阿拉伯，敍利亞各民族，也是曾做復興運動，結果，阿拉伯的各部分獨立了，敍利亞也算得到獨立的名義了。

荷屬東印度民族，是受荷蘭帝國主義的嚴重的壓迫。於是荷屬東印度民族，也做復興運動。當荷蘭開始統治東印度的時候，東印度士人就以計誘威爾佛將軍。一六八六年，一八二二年到處都有東印度民族反抗荷蘭的運動。一九二六年二月及十一月間西爪哇地方，曾發生兩次暴動。一九二七年元旦之夜，蘇門答臘西岸，突起革命運動。

此外，非洲弱小民族，也漸漸的有了復興運動。尤以摩洛哥和埃及最爲厲害。摩洛哥是曾將西班牙軍隊驅逐出境。埃及也曾從英人手裏得到自主。可是不久也都被帝國主義者，聯合的勢力壓服，或被帝國主義用離間的手段欺騙，獨立自主的精神雖沒有達到，可是復興的運動，仍未澌滅。

三民主義的革命　中國民族復興運動，是在一八八五年法帝國主義者奪取安南以後，才有深刻的意識。在一八九四年孫中山先生就創立興中會，做民族復興運動的中心。一九〇五年又集合各團體於東京，組織革命同盟會。自此以後，革命的勢力，大爲擴張；革命的空氣，大爲濃厚。於是就有實際的革命行動，萍醴之役，潮州黃岡之師，惠州之難，就接連的發生。後來，革命志士，再接再厲，到了辛亥武昌起義，就推翻滿淸，創建民國，實行孫中山先生所創的民族、民權、民生的三民主義。於是漢滿蒙回藏各族一律平等，開設國會，實行選舉，籌辦全國鐵道，促進建設，民生問題，正待努力進行。不料袁世凱篡竊政權，圖謀帝制。於是孫中山先生又組織中華革命黨，推倒袁氏。袁世凱推倒以後，軍閥相繼爲政，使三民主義的國家，又不能實現。於是孫中山先生於民國十三年改組中國國民黨，並且完成了三民主義的深刻的理論，完成了整個建設中國的計畫，又規定建國大綱，所以自此以後，全國人心都趨向於革命，到了十五年七月蔣介石率領革命軍北伐，不數月而底定江南，十七年七月就統一全國。

【本章參考書】

陳易著　印度民族運動概論

胡石明著　世界弱小民族被壓迫及獨立運動史

董學之編　世界殖民地獨立運動史

劉彥著　帝國主義壓迫中國史

第五篇　結論——未來人類求生時代

第三十八章　新中國的創建和中國民族對於世界的責任

三民主義的實行　在中國民族復興運動的過程中，三民主義的實行，就民族主義來說：第一、是要謀中國民族的大團結，謀中國民族的大團結，就是要提倡國族，就是凡在中國有歷史的民族，都要切實地團結起來，如漢滿蒙回藏，都是中國有歷史的民族，所以都要團結起來。

其次，是要恢復中國固有的道德，如忠孝、仁愛、信義、和平。忠、孝、仁、愛、信、義、和、平，是人類的大經大法。中國民族數千年以來，能相親愛和平，社會能有秩序有條理，都是由這忠、孝、仁、愛、信、義、和、平來維繫。所以中國民族在從前是不注重法律而注重道德，只要有好的道德，法律是無用的。在現在的社會裏道德仍是非常重要，所以在中國民族復興運動的過程中，就要恢復中國固有的道德。

再次，是要恢復中國固有的知能。中國固有的知能，如誠意、正心、修身、齊家、治國、平天下，是一種最高的政治哲學。這種政治哲學，是中國人很早就發明的，若是把這種政治哲學做到成功，天下就可以太平，人類便可以相安無事。此外，如發明指南針、印刷術、火藥……等，都是與近代的文明，頗有關係。由此，可知中國人發明和創造的天才，也是不讓於人。所以在實行新中國的建設中，就要恢復中國固有的知能。

就民權主義來說：中國是要政權和治權分開的，就是要有才能的人去行使治權，無才能的一般民衆去行使政權。政權和治權分開來行使，政治的貪污，就可以免除，政治的效率，就可以推進。政權行使的方法，就是選舉，罷免，創制，複決。治權行使的方法，就是行政，立法，司法，監察，考試。所以在民族復興運動的過程中，政權和治權的分開，也是要實行的。

就民生主義來說：中國是要爲人民造產的，就是中國人民都是一般的貧，不過大貧之中，又有小貧，所以在民族復興運動的過程中，就要極力的爲人民造產。其次，就是平均地權，節制資本。中國以農立國，土地是很重要的，若是把土地集中到少數人的手裏，就造成地主和佃奴的階級，或赤貧大富的階級，所以在民族復興運動的過程中，平均地權，是很需要的。中國現在雖然是沒有多大的資本，可是新興的資本，正在萌芽，如果沒有方法節制，不免就要造成大資本家，所以在民族復興運動的過程中，節制資本，也是很重要的。

此外，還要實行國營資本主義，就是凡在國內一切的大企業，如鐵路，礦山……都要由國家的資本去經營。

科學的創造和科學的建設　現代世界各國科學的發明，是很驚人的，往往把沒有的東西，就可以變爲有。比如空氣中的肥料，是我們不知道的，也可以說是沒有的，現代的科學家，就在空氣中設法取用肥料。最近又發明在煤中取油，這煤中含有油量，是我們不知道的，也可以說是沒有的，現代的科學家，就居然用科學方法，能在煤中取出油來。我們中國的科學家，是沒有這樣能力的。

現代世界各國，科學的創造，也是很驚人的。如英美等國，從前關於機器的創造，都是用蒸汽的力量，現在就居然都用電力了。美國現在還想做一個中央電廠，把幾萬家工廠都用電力去統一起來。此外，關於其他方面的種種創造，也有絕大的成績，如單用飛機，從前是有聲的，現在居然就有了無聲的飛機了，從前無線電只可傳遞電信，現在居然就能播音了。所以在新中國的建設中，科學的發明和科學的創造，是非常重要的。

科學的建設，在新中國的建設中也要居很重要的地位。如英美等國，設立大規模的電廠，舉辦全國電化。並且其他衞生的設備，公路的開闢……都是很周密的。所以現在中國就應當急起直追實行全國電氣化，利用龍門三峽的水力，造大規模的電廠。防疫機關，造林運動，都要很努力的進行。

現在中國還應當急起直追的，就是農業的機械化和電氣化，工業的機械化和電氣化。現代世界各國的農業，差不多是機械化了，就是耕地也用機械，抽水也用機械，刈割也用機械，播種也用機械，打米也用機械，所以農業就有很大的生產量。如美國施用農業機械最盛之區，平均每一農夫一年之勞動，能產小麥約一千五百石。在美國不但農業是機械化，而且也是電氣化了。就是墾植用電機，保藏用電氣，大規模之灌溉，都使用電力。所以中國現在就應當趕快的實行農業的機械化和電氣化。

現代世界各國的工業，也差不多是機械化了。就紡織來說：紡紗是用機械，織布是用機械，就是提花、刺繡也都是用機械。所以生產量就大大的增加。據調查：紡織業的生產量，較從前增加二百倍，最近又調查：就增加一萬二千倍，所以在外國工業的生產是很大的。中國現在就應當趕快的實行工業的機械化和電氣化。

中國民族對於世界的責任　中國民族在新中國的建設完成以後，就要對於世界民族盡一部分的責任。孫中山先生在民族主義的講演中，也曾說：「我們不但是要恢復民族的地位，還要對於世界負一個大責任……就是我們要先決定一種政策，要『濟弱扶傾』，才是盡我們民族的天職。」所以中國民族要對於世界民族盡一部分的責任，就先要援助弱小民族。而且還要認援助弱小民族，是自己一種天職。援助弱小民族的意義，就是要實行世界主義，因爲世界主義，是從民族主義出發的，孫中山先生在民族主義的講演中也曾說：「我們要知道世界主義，是從什麼地方發生出來的呢？是從民族主義發生出來的。我們要發達世界主義，先要民族主義鞏固才行。如果民族主義不能鞏固，世界主義也就不能發達。由此便可知世界主義實藏在民族主義之內。」所以我們援助弱小民族就是要實行世界主義，是要促進人類大同，造成一個新世界。援助弱小民族的方法，就是要聯合世界弱小民族共同去打倒帝國主義。孫中山先生說：「我們去抵抗強權，才是順天行道，我們要能夠抵抗強權，就要我們四萬萬人和十二萬萬五千萬人聯合起來，推己及人，再把各弱小民族都聯合起來，共同去打破二萬萬五千萬人，共同用公理去打破強權，強權打破以後，世界上沒有野心家，到了那個時候，我們便可以講世聯合弱小民族的方法，孫中山先生是沒有說出來，周佛海在三民主義之理論的體系裏說：「弱小民族的聯合，不像英日同盟，英日協商之類的一二國家暫時的聯合，而是網羅世界上一切被壓迫的民族，組成堅固的永久團體……弱小民族的聯合，不在追求目前的利益，而在求一切民族的平等。他們內部沒有利害的衝突，他們的敵人是固定共同的敵人，所以他們不致因目前的目的達到而分裂。更不致因利害關係而反目，這種聯合，可以叫做民族國際。」但是在聯合以先各弱小民族，是要先把自己民族裏邊有覺悟的份子，聯合起來，然後由有覺悟的份子，再做自己民族的總團結。好像中國民族一樣，中國民族是先由有覺悟的份子聯合起來，組織一個中國國民黨，然後再由中國國民黨去做自己民族的總團結。世界各弱小民族都能夠自己團結起來，就可以組成民族國際。然後再用民族國際的力量，去求各弱小民族的解放，以期造成人類世界的大同，那個時候，使算我們中國民族的責任盡了。

【本章參考書】

孫中山先生著　三民主義

周佛海著　三民主義之理論的體系

孫中山先生著　實業計畫

郭頌銘著　機械與農業

第三十九章　帝國主義的衝突和弱小民族的解放

生產技術的進步和人類生活畸形的發展　人類生活是在生產技術的進步中求進步，就是生產技術有了進步，人類生活也就有了進步生產技術的進步，就是因爲人類有創造、發明、和利用的能力。人類因爲有創造、發明、和利用的能力，於是就創造發明和利用其他的物的力量來替代人力或幫助人力。人類最初創造、發明、和利用其他的物力來替代人力的，就是勞動的工具。人類能夠創造、發明、和利用勞動的工具，人類生活就有進步。到了後來人類復又運用自己創造、發明、和利用的能力來創造機器，就是拿機器的力量來替代人力，於是人類生活，就更有了大進步。這種進步就成了畸形的進步，就是有一部分人羣的生活因爲創造發明和利用的能力的發展，就進步的很高有一部分人羣的生活因爲創造發明和利用的能力沒有發展，就沒有進步。

在未來的人類裏，人類的創造發明和利用的能力，還是一天一天進步的，這創造發明和利用的能力的進步，究竟進步到怎樣的程度，我們是很難說的。可是我們現在可以看出的，就是勞動力的原動力，還要有很大的進步。勞動力的原動力，在用機器替代人力的時候，就用蒸汽力來做原動力。在未來的人類社會裏，這用蒸汽力來做原動力，也就漸漸的不需要了，最需要的就是用電氣的力量來做原動力。因爲電氣力的應用，是要比蒸汽力更偉大，就是電氣力的製造是無限的電氣力的製造是可以利用一切的瀑布和一切的流水，甚至於海洋的潮流，以及風的斷續力，(用蓄電池收集起來)都是可以利用製造電氣力的。蒸汽力就不然了，蒸汽力所用的煤和煤油，是容易枯竭的，而且蒸汽力是不能夠大規模的製造。所以在未來的人類裏，就要用能夠大規模製造的電氣力來做原動力。人類能夠用大規模製造的電氣力來做原動力，於是人類的生產就有大大的進步，就能夠大大的加多。這個時候，人類生活的畸形的進步，就更大了。就是越有大量的資本的人羣，他們的生產就能夠加多，沒有大量的資本的人羣，他們的生產就不能夠加多，所以帝國主義的生產，是能夠加多的，弱小民族的生產，是不能夠加多的。

在未來的人類裏，關於機器方面，不但是要用電力做原動力，就是機器的發動機器的調節，也是不需要人力了。所以人類生活畸形的進步，就更大了。

人類生活畸形的進步越大，就是帝國主義的生產力越是膨脹，帝國主義的生產力越是膨脹，帝國主義者就盡量的把他們的生產品，向弱小民族去運輸，因此弱小民族的生產力，就更形薄弱。

弱小民族復興運動的緊張和帝國主義對於弱小民族的鎮壓　在未來的人類裏，弱小民族感受人類生活極度的畸形的發展，認定再不努力，就不免淘汰，換一句話說：就是不能生存。因此，弱小民族爲爭自己的生存，就不能不積極的做復興運動。

弱小民族在復興運動的過程中，就一方面在內部實行民族主義的大團結，一方面在外部實行民族主義的大聯合。在內部實行民族主義的大團結，就是把有覺悟的分子組織起來，統納於一個主義之下，把沒有覺悟的分子，施以祕密的或半公開的宣傳，叫他們都覺悟起來，能夠這樣，民族主義的大團結，就可以做到。

在外部實行民族主義的大聯合，就是要把各弱小民族在同一的覺悟上，同一的利害上，統同在一個主義之下聯合起來。

帝國主義者，最怕的是弱小民族的復興運動，所以弱小民族復興運動緊張的時候，帝國主義者就不能不想方法去對付。帝國主義者，對付弱小民族的方法，就是用自己強大的軍力去鎮壓。

但是弱小民族復興運動的緊張，是在帝國主義者用自己強大的軍力去鎮壓的當中，更要厲害的。就是弱小民族在這個時候，是要拼命的去做復興運動，換一句話說：就是拼命的要爭自己的生存。弱小民族因為要拚命的爭自己的生存，所以就在帝國主義者用軍力鎮壓的當中，對於帝國主義者的反抗更加厲害。就像現在阿比西尼亞反抗意大利一樣。阿比西尼亞因為要爭自己的生存，所以對於復興運動，就很積極。意大利恐怕阿比西尼亞復興運動成功以後，他自身就要受很大的影響，所以就用他強大的軍力去壓迫。

帝國主義者的衝突和弱小民族的解放　帝國主義者在用軍力壓迫弱小民族的過程中，往往就把弱小民族的土地佔領，把弱小民族的國家滅亡。但是帝國主義者要佔領弱小民族的土地，滅亡弱小民族的國家，也是一件很不容易的事。就是這一個帝國主義者，佔領弱小民族的土地或滅亡弱小民族的國家，其他的帝國主義者就抱一種不安，因此，帝國主義者的中間，就容易發生衝突，這種衝突發生以後，弱小民族往往就得到解放了。就像第一次世界大戰發生以後，波蘭民族就得到解放了。當時不但波蘭民族得到解放，其他民族，如阿拉伯，敍利亞都得到解放了。

所以我們知道帝國主義者衝突一次，弱小民族就得到解放一次。在未來的人類裏，弱小民族因爲人類生活極度的畸形的發展，就要努力的求自己的生存。因此，帝國主義者就常常有佔領弱小民族的土地的舉動。在佔領弱小民族的土地的過程中，就容易發生衝突，所以弱小民族就容易得到解放。

【本章參考書】

何炳松譯　近世歐洲史

胡石明著　世界弱小民族被壓迫及獨立運動史

第四十章　資本主義的崩潰和帝國主義的消滅

弱小民族的復興和帝國主義勢力的窮蹙　在未來的人類裏，弱小民族是因帝國主義者一次一次的衝突，而得到一次一次的解放。因之帝國主義者的勢力，因爲弱小民族一次一次的解放，就一天一天的窮蹙。就拿中國說吧，中國是一個弱小民族，所以中國的一切都成了帝國主義者形成的重要原素。若是中國民族復興起來，對於帝國主義者所需要的原料品，都是不肯供給——這種不肯供給，不是一種惡意的，就是自己復興以後，自己的工業就一天一天的發達，因此，自己的原料品，都供自己使用。——帝國主義者，就失去了他們所需要的原料品的重要來源，於是就給帝國主義者一個很大的致命傷。

再者，中國民族對於帝國主義者所需要的製造品的銷路，若是加以杜塞，——這種杜塞，也不是惡意的，就是中國把許多不平等條約實行廢除以後，在國際貿易上，實行保護貿易政策——因此，帝國主義者的製造品，就不能夠在中國暢銷，於是又給帝國主義者一個很大的打擊。——這樣一來，帝國主義者在中國就失去了原料品的供給和製造品的銷路，也就是在中國失去了帝國主義者形成的重要原素，於是帝國主義者的勢力，就感着窮蹙了。

革命運動的緊張和資本主義的搖動　在未來的人類裏，帝國主義者的勢力窮蹙以後，同時勞動問題就要一次一次的嚴重，就是大多數的勞動者，因爲帝國主義勢力窮蹙以後，資本家就失去了銷售貨品和投資的場所，於是資本家馬上就發生生產和資本的過剩，資本家發生生產和資本的過剩，於是他們的生產機關，——工廠就不能夠維持，因此，在工廠的勞動者就要失業，這個時候，勞動者因為自己的生活問題，就發生一種新意識的活動，這新意識的活動，就是要去革命，

自這大部分的勞動者，要去革命以後，資本主義就發生動搖了，就是勞動者的革命運動，是要打倒資本主義的。他們打倒資本主義是要實現社會主義或共產主義的生活。但是社會主義是民生主義的前期，共產主義是民生主義的後期，所以在勞動者把資本主義打倒以後，一定要走入民生主義的階段。

資本主義的崩潰和帝國主義的消滅　資本主義發生動搖以後，帝國主義也就無法維持了。因為資本主義是以賺錢為目的，牠的賺錢的方法，就是剝取利潤——剝取利潤，在商業的交易上，就叫做賺錢。

但是資本主義的賺錢，是要在市場上把貨品消售以後，才能夠賺錢的，所以在資本主義要賺錢的作用上，市場就成了很重要的，就是市場越多，貨品的消售越多，貨品的消售越多，資本主義賺的錢就越多。因此，資本主義為要賺多的錢，就要廣闢市場。

但是要廣闢市場，就要實行帝國主義的侵略，因為帝國主義的侵略，是可以得到多的市場，資本主義得到的市場越多，資本主義就越發達，資本主義越發達，帝國主義的侵略越厲害。

在資本主義崩潰，實行民生主義的社會裏，這以賺錢為目的的事實就不能夠發生了，市場也是無需要了，所以這個時候，社會上的生產，都是供社會上的需要，絕沒有剝取利潤的觀念，也沒有廣闢市場的必要，所以帝

國主義就從此消滅了。

【本章參考書】

J. A. Hobson 傅子東譯 資本主義進化論

周佛海著 三民主義之理論的體系

第四十一章　世界人類的平等利大同社會的實現

教育的普及和人類知識的提高　在資本主義崩潰和帝國主義消滅以後，世界人類就一律平等了，就是再沒有侵略和壓迫的事實發生。在這個時候，人類就知道用侵略來求自己的生活，是不可能，而且也知道用侵略來求自己的生活，是人類至愚蠢的一件事。於是這個時候，人類把以前拿侵略來求自己生活的觀念，完全打消了。人類把這種觀念打消以後，就更爲一種新的努力，這種新的努力，就是合作的生產的努力。

但是這合作的生產的努力，是要有很高的知識，才能夠成功。因此，教育就成了很重要的。在這個時候，就到處學校林立，教師居最高的地位，極受人的崇拜，並且學校就成了人類共同事業之一種，對於受教育的人，一切力求舒適和暢快，因此，一般人皆以受教育爲自己生活之一階段。

人類因爲都受良好的教育，對於自己的生活，就有一種合理的準繩，不但是要求物質的滿足，而且還要求精神的愉快。所以在這個時候，人類就怕煩惱，怕愁悶。這個時候的社會，就成了很和平、快樂的社會。

人類理性的發展和道德的進步 人類因爲受教育的關係，對於一切事物的道理和人與人的關係，都有徹底的明瞭。所以所有一切事物的不順意和人的中間的不融洽，都是可以諒解。在這個時候，人類對於世界一切的事物，都用理智去判斷。因此，就看到世界上一切的人類和一切的物類，都是有生命的，都是應當愛護的，就是張子所謂「民吾同胞，物吾同與」。韋爾斯說：「吾人現在所謂行獵之遊戲，蓋初民殘暴天性中所表出之無謂殺傷，將來在教育進步之世界團體中，人類必將改變其對待野獸之態度，不樂其死而快其生。不視此等可憐同類之低級生物爲可畏之敵，可恨之仇，亦不役之爲奴隸而用種種奇妙之計畫，使之爲人類之友侶。」所以這個時候，人類的道德也就進步了。

道德的意義，就是個人對於社會的一種積極的責任，換一句話說：就是個人要服從社會。再換一句話說：就是要把個人利益看的輕，把社會利益看得重。能夠把個人利益看的輕，把社會利益看的重，便算是有道德；反之，若是把個人利益看的重，把社會利益看的輕，就往往剝奪社會的利益，成就個人的利益，便是不道德。就拿中國的舊道德「忠」來說：忠是人類生活最高的道德了。解釋忠的人，就說是忠於人，忠於事，忠於國。所謂忠於人，就是不欺騙人，不但是不要欺騙人，而且還要能夠幫助人，這便是忠於人了。所謂忠於事，就是對於自己所做的事，要負起責任來做，不要敷衍了事。所謂忠於國，就是對於國家的事情，也要負起責任來做，不要推諉。因此，我們就知道所謂道德，就是能夠積極負責的意思，儻使對於人對於事，對於國，都不肯積極的去負責，這便是不道德了。

所以人類的道德進步以後，人人都知道爲社會去服務，而且人們爲社會去服務，不一定是要得到報酬的，就是只求自己能爲人類社會盡一部分責任，就算了事。在這個時候，人類對於自己的親族，都有極濃厚的同情，所謂父慈子孝，兄友弟恭，在家庭間，都有極美滿的和諧。由這種同情，推演到社會上，便是敬老慈幼，就如孟子所說：「老吾老，以及人之老，幼吾幼，以及人之幼。」

人人都知道老吾老以及人之老，幼吾幼以及人之幼，那末，所謂人類社會，就好像一個家族一樣，都是彼此非常親愛的。所以在這個時候的人類社會，是沒有欺詐慮僞，完全是友愛和平。人類的道德，到了這個地步，就算是登峯造極了。

政治組織的改變和大同社會的實現 人類道德進步以後，人類生活，完全是和平互助。因此，政治組織就改變了。這個時候政治組織，不過是經濟的管理和生產的分配。

同時，在生活的觀念上，也沒有爾我的分別，這沒有爾我的分別，便是大同社會的實現。大同社會，人們就認定人類的生活，是互助的，不是奪取的，因此，就把自己的生活和人的生活打成一片，不但是自己的能力，要使自己能夠生活，而且還要使世界上的人都能夠生活。所以這個時候，人類都要把自己的能力十分的表現，就是要拿自己的能力去幫助人類。韋爾斯說：「有牛頓之資而無讀書之機會者，奚止十數。有達爾頓，達爾文，倍根，赫胥黎之才，而終身戚戚於貧賤，不得一展其天賦之長者何止百數。全世界中具有頭等研究家之聰明，具有卓越藝術家之才思，具有創造者之心智，而老死不獲覲感，不得機會以留其痕迹於後世者，又何可勝計。」所以我們知道在自私自利的社會裏，人人都是站在利己的立場上，凡是有利於自己的事情，自己就去做，不利於自己的事情，自己就不去做。所以有天才，有能力之人，在這種社會之下，就受人人利己心的驅使，而沒有機會表現。

到了大同社會實現以後，人類生活都是互助的，沒有自私自利的，都是義務的，沒有奪取的，所以這個時候，凡是有天才的人，都容易有表現的機會。

因此，在這個時候，人類的創造力就很大了，而且人類的創造力，都是朝着人類生活的正面去創造，不像以前那樣把人類大部分的創造力，是朝着人類生活的側面去創造，換一句話說：就是以前把人類的大部分的創造力，都是用在創造殺人的利器上，如軍械，軍艦，及一切軍用品的製造。到了人類大同社會實現以後，就把人類的創造力完全用在生產的機器上，因此生產的機器的進步就很大。

生產的機器進步以後，人類的勞役就很少了。韋爾斯說：「在支配適宜之世界中，苦役將甚少，一般苦役將由機械所馭之天然力任之，人類縱有不可避免之勞役，亦將爲各人之義務，一生之中，或任數年或任數月而已足。」所以在這個時候，人類社會，完全成了使用機器的社會。人類生活，完全成了優遊歲月的生活，人類生活到了這個地步，就算是很美滿的生活了。

【本章參考書】

韋爾斯著　梁思成譯　世界史綱

敬啟

『民國專題史』叢書，乃民國時期出版的著名學者、專家在某一專題領域的學術成果。所收圖書絶大部分著作權已進入公有領域，但仍有極少圖書著作權還在保護期内，需按相關要求支付著作權人或繼承人報酬。因未能全部聯系到相關著作權人，請見到此説明者及時與河南人民出版社聯系。

聯系人 楊光
聯系電話 0371-65788063
2016年3月28日